北京市社科基金项目（项目编号：15JGC181）
北京联合大学校级专项课题基金项目（项目编号：SK30202113、JK202106）

绿色发展与品牌生态系统健康评价

王仕卿 ◎ 著

企业管理出版社
ENTERPRISE MANAGEMENT PUBLISHING HOUSE

图书在版编目（CIP）数据

绿色发展与品牌生态系统健康评价 / 王仕卿著 . --
北京 : 企业管理出版社 , 2023.7
ISBN 978-7-5164-2867-2

Ⅰ . ①绿… Ⅱ . ①王… Ⅲ . ①绿色经济 – 经济发展 –
中国 Ⅳ . ① F124.5

中国国家版本馆 CIP 数据核字 (2023) 第 131082 号

书　　名：绿色发展与品牌生态系统健康评价
书　　号：ISBN 978-7-5164-2867-2
作　　者：王仕卿
责任编辑：张　羿　赵　琳
出版发行：企业管理出版社
经　　销：新华书店
地　　址：北京市海淀区紫竹院南路17号　邮编：100048
网　　址：http://www.emph.cn　电子信箱：qygl002@sina.com
电　　话：编辑部（010）68416775　发行部（010）68701816
印　　刷：北京虎彩文化传播有限公司
版　　次：2023年 7 月第1版
印　　次：2023年 7 月第1次印刷
开　　本：710mm × 1000mm　1/16
印　　张：11.5
字　　数：175千字
定　　价：68.00元

前言

党的二十大报告中明确提出，推动绿色发展，促进人与自然和谐共生。倡导绿色消费，推动形成绿色低碳的生产方式和生活方式。

快速发展绿色生产方式、优化产业结构，必然要求发挥区域绿色产业集群、生态企业、绿色企业、绿色产品的品牌特色优势和品牌溢出效应。构建品牌生态系统是推进生态优先、节约集约、绿色低碳可持续发展的创新路径，为此，必然要求培育品牌赖以生存的良好的生态环境，实现最有节约、绿色消费属性的绿色产品和服务品牌化，使得绿色品牌成为最普惠的民生福祉，这也是人与自然和谐发展的创新策略。因此，落实绿色品牌生态战略，从绿色品牌消费侧倒逼产业绿色集约化转型发展，对我国经济建设高质量发展具有重要的现实意义，也是本书研究、探讨的定位。

绿色品牌生态是稀缺的社会经济资源，就是倡导绿色消费方式转型。因此，本书汲取了商业生态系统与自然生态系统耦合发展理念，在绿色发展理念下全面构筑健康发展的品牌生态系统并对区域产业集群品牌生态系统开展了品牌生态系统健康评价，发挥区域主导产业集群和名牌企业的特色优势资源的溢出效应，促使企业从单纯加大技术投入转变为在市场需求侧和国家绿色发展战略的大格局下从绿色健康可持续发展的更高发展格局凝练品牌的特色优势资源，全面注重品牌生态经济管理的优化，系统性打造与品牌建设的各个利益相关方协同发展的生态机制，将环境利益和对环境的管理纳入品牌建设与塑造模式之中，实现品牌绿色可持续的溢价效应。该经营管理理念也是对党的二十大报告中关于“推动绿色发展，促进人与自然和谐共生”发展思想重要论述的学理探索。本书的具体内容如下所述。

第 1 章分析了品牌生态系统理论研究的现实发展背景，指出品牌生态系统研究之所以成为品牌研究的热点原因；对本书的理论意义和现实意义进行了阐述；同时，提出了本书的研究方法和思想创新。

第 2 章在阐述绿色发展理念的基础上对国内外品牌生态系统理论进行了系统论述，还对组织生态理论和组织健康理论发展展开了论述，对品牌和品牌生态系统健康等相关概念进行辨析。通过回顾国内外学者对品牌生态系统研究的历史沿革，运用系统论方法重点阐述绿色发展转型时期品牌生态系统建设与品牌健康评价对企业如何发挥作用、创造溢价的价值。

第 3 章讲述品牌与品牌生态系统的概念、内涵、品牌生态系统结构特征重塑模式和品牌生态位界定下的品牌时空构成模式。

第 4 章以品牌生态位为基点，研究品牌生态系统的结构功能，包括生态系统内不同生态位品牌的竞争模型、竞合关系及品牌生态系统环境因素分析，并且对各种模式下品牌发展如何集中优势资源重塑品牌建设模式进行了探讨。

第 5 章基于超生态位理念，从品牌生命周期发展视角，分别阐明了不同发展阶段的健康品牌的时空表现形式和演化路径，阐明了健康的品牌生态系统的成长过程、品牌生态位时空扩张规律、系统内外资源的吸聚性规律，进而探讨了基于绿色健康发展需要的品牌生态系统的阶段性发展策略。

第 6 章从品牌与其利益相关方之间的协同进化关系展开论述，也就是品牌与其最在时空上相互作用和相互影响的社会、经济、技术与自然要素的综合要素的复杂特殊关系，主要包括品牌与其涵盖产品系统之间的协同进化、品牌与其所在的企业系统之间的协同进化及品牌与其承载的质量系统之间的协同进化。

第 7 章阐述了品牌生态系统健康的表征要素，并且从多个维度设计、构建了评价品牌生态系统的健康评价方法。

第8章以著名的中关村科技园区海淀园品牌的发展开展了详细的剖析，对第7章的品牌生态系统健康评价的评价方法进行了实证，根据数据分析结果对中关村科技园区海淀园区域品牌生态系统的健康状况阐述，为我国培育绿色健康品牌、发挥品牌溢出效应抛砖引玉。

本书在撰写与出版的过程中得到了北京市社科基金（基金项目编号：15JGC181）的大力支持，同时也得到了北京联合大学校级专项课题基金（基金项目编号：SK30202113、JK202106）的支持，经企业管理出版社的热情协助出版，在此致以衷心感谢。

王仕卿

2023年3月

目录

第1章
绪论

1.1 绿色发展的时代进程

党的二十大报告中提出，推动绿色发展，促进人与自然和谐共生。党的二十大报告还提出，大自然是人类赖以生存发展的基本条件。尊重自然、顺应自然、保护自然，是全面建设社会主义现代化国家的内在要求。必须牢固树立和践行绿水青山就是金山银山的理念，站在人与自然和谐共生的高度谋划发展。

全球气候变暖的大前提下，各国都立足于本国的资源能源禀赋发展绿色经济、进行第四次绿色能源革命。而破解我国资源能源环境约束必然要求发展绿色经济，推动产业结构调整升级，快速发展绿色生产方式，推进生态优先、节约集约、绿色低碳发展。

绿色发展理念为不同产业提供了相对应的高质量发展方案，绿色发展理念对企业（产品）品牌高质量发展提供了引领作用。绿色生态是我们的资源，更是我们的财富。因此，我们要结合我国的国情，用中国式的绿色生态理念指导绿色低碳产业加快发展、资源环境要素市场化配置体系加速完善，培育一批绿色产品、绿色产业，培育我国市场经济体制下健康的企业品牌生态，提升品牌知名度、美誉度、绿色度，培育绿色、健康、长寿的企业品牌或产品品牌。

绿色发展是引领我国整个经济系统转化的本质底色，涉及生产和消费各个领域和环节，覆盖整个经济活动，要求社会行为、经济运行与环境生态保持和谐统一。因此，品牌生态学作为市场营销学、品牌学、管理学、社会学、经济学和组织生态学的交叉跨界，是绿色可持续发展理念下新兴的品牌建设思维体系。品牌生态学是适应绿色可持续经济发展的全球化、多样化、市场环境日益复杂化而产生的。随着数字低碳经济的飞速发展，品牌内涵日益生态化及无边界化、共生化、绿色化，客观上要求一个健康的品牌具有品牌拥有企业、供应商、中间商、消费者、竞争对手、媒体、政府、价格、金融、投资及财税等市场、经济要素和政治社会因素，甚至还包括一些自然资源要素的复杂多维绿色可持续发展的生态系统。因此，对品牌培育不仅要求企业生产方式不断数字化、智能化、绿色化及生态化，而且品牌演化过程要不断适应技术、市场、政策及业务全球化、经济发展绿色化、城市消费低碳化等新经济发展的要求。故而，品牌培育是一项多维立体生态系统工程。在经济高质量发展的当今时代，重塑对品牌内涵及其所处的复杂环境的认识、构建品牌生态系统健康评价工具，以及促进企业推进品牌建设、培育长寿品牌，具有重要的现实价值。

本书引入党的二十大倡导的绿色发展理念，全面阐述绿色经济高质量发展背景下品牌生态健康发展理论，阐明品牌生态系统健康评价方法。本书以超企业边界的商业生态系统为研究范围，从品牌绿色可持续健康发展视角提出了品牌群落及品牌生态系统等新的品牌建设思路并开展实证分析，其目的：一是弥补传统的品牌理论的片面性、单一性；二是引导企业适应数字新经济环境的变化，选择适宜的品牌经营策略，保障企业品牌健康可持续发展，为企业不断创造绿色、健康、长寿品牌服务。

伴随着数字经济发展和品牌内涵的日益多元化，客观上形成了一个以品牌为中心的复杂系统，包括品牌拥有企业、供应商、中间商、消费者、竞争对手、媒体、政府等经济、社会要素，甚至还包括一些自然要素。因此，人们必须重构对品牌内涵及其所处的复杂环境的认识——品牌生态系统。

著名跨国企业 IBM、索尼、三星等都是通过建立自己强大的品牌生态系统获得了令人瞩目的成功。每个行业都有通过关注自己的商业生态系统的整体状况发展而获得巨大成功的品牌范例，零售行业巨头沃尔玛更是将品牌生态系统发挥得淋漓尽致。它通过创造该生态系统中其他成员可以利用的平台（各种服务、工具和技术）发展自己的零售商品牌，运用自有品牌的威力使自己处于价值链的最有利环节，而且改善了所处生态系统的整体状况。

采用品牌生态系统战略可以借助价值链核心环节的品牌声望，降低一些产品品类的宣传费用和交易成本，实现缝隙型企业的快速增值。拿联想电脑来说，它不是一个严格意义上的单独品牌，更像是一个超级品牌组合，这个产品的每一个部分都来自不同行业的生产商：显像管品牌制造企业生产显示器；储存器品牌企业生产储存器；半导体品牌企业生产芯片；软件品牌生产商生产操作系统和应用软件；等等。就电脑消费者而言，实际是在消费一个超级“品牌共同体”，即品牌生态系统。现代企业对品牌培育不单是企业内部能力提升的范畴，而是一个多种因素相互作用的结果，是一个系统工程。

品牌生态系统研究中的诸多问题，如品牌生态系统内部的品牌结构关系是怎样的，品牌生态系统中品牌与其生态环境之间是如何相互依存、相互影响、相互作用的，品牌生态系统的成长规律和各阶段品牌培育的对策及如何评价品牌生态系统的健康等，许多学者做了相当广泛的研究。但是，已有的研究都是从某个层面或某些假设的验证出发，没能全面反映品牌生态系统内部的作用机制。研究品牌生态系统应该从产品质量系统、利益相关方和企业系统本身固有的特性等角度全面看待问题，对品牌生态系统内品牌生态位结构变化、品牌利益相关方的协同演化机理、品牌生态系统健康状况及健康评价等问题进行研究。目前，已有学者针对这方面进行了研究并建立了模型，但由于研究思路和方法或多或少存在一些问题，现有的成果不够全面、系统和稳定。因此，有必要从品牌生态系统的构成角度着手，对品牌生态系统理论进行科学规范的研究，揭示品牌与生态环境的协同进化机理，从而建立更加实用的品牌生态系统健康评价模型，提高企业品牌管理的效率。

1.2 品牌绿色健康发展的现实基础

1.2.1 品牌绿色健康发展的现实意义

尽管有相当的企业对品牌生态系统这个名词不太熟悉，但它们都自觉不自觉地将自己处于了某个商业生态系统之中。看看我们周围：数百家企业同心协力才能制造和销售一台联想个人电脑；数千家公司协调配合并提供各种丰富的应用软件，才有微软操作系统的成功。

品牌生态理论真正引起企业和理论界的高度重视是从20世纪末开始的。1998年，David A.Aaker明确提出了基于单个企业品牌系统的“品牌群”概念，首次将生态学的种群概念引入品牌理论的研究中，并且指出这是一个认识品牌的全新角度。从此，品牌生态理论研究获得进一步发展并引起国内外学术界的重视。

企业从21世纪以来需要不断从品牌生态系统的角度思考品牌管理问题，主要是基于以下现实环境发生的变化。

① 竞争的压力和科技的进步导致产品周期缩短、品牌维护难度增强。科技进步引发的产业转移，带动了产品迅速的更新换代。科技创造了产品，需求成就了品牌。正如《发展的新品牌》中指出的，“一个产品是工厂创造的，一个品牌是消费者购买的”。产品更新换代了，品牌要不断地突破原有的文化束缚，与产品协同进化。市场呈现出的各种需求，无不渗透出特定的文化，品牌是反映产品或服务的品质的“品”与其依赖的品牌的“牌”的有机结合。一般来说，前者孕育品牌的美誉度和忠诚度，而后者打造品牌的知晓度和知名度。

② 经济全球化、信息网络化、市场需求多样化导致共同进化时代的到来。科技进步引发产业转移，带动产品迅速更新换代，以及经济全球化、信息网络化的发展和市场需求的多样化、个性化。在这样的背景下，品牌的形成和发展过程实际是将品牌的各利益相关者联系到一起。品牌表现为

广泛利益相关者协力的结果，很多知名品牌是众多品牌的集成，如图 1–1 所示的数码成像涉及的惠普、微软、尼康等知名品牌的“族产品”。如果从品牌经营的视角来看，其关联的利益相关方有员工、股东、顾客、供方及社会等。上述因素对品牌创建都产生重要的影响。

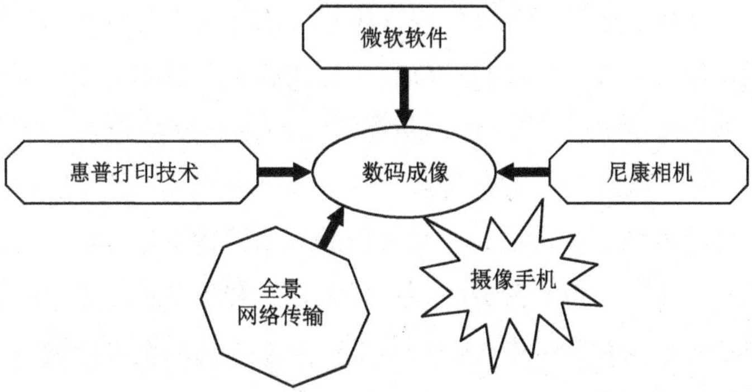

图 1–1　数码成像技术的相关品牌关系

③ 自主品牌的匮乏使“中国制造”处于世界产业链的低端。当“中国制造”以不可阻挡之势席卷西方市场的时候，几乎每一台电脑都标识着“Intel inside”。所有运行效果良好的品牌几乎都由西方植入，从个人到企业和社会，尽管我们的制造业规模宏大，但也仅能成为世界的低端加工厂。在国内的耐克 OEM 贴牌工厂里，同样品质的运动鞋，贴上耐克品牌的价格是 600 多元，用工厂自己品牌的价格则不到 100 元。品牌之殇，成为中国企业无法在世界市场上纵横驰骋的无奈之痛。要想建立中国的全球品牌，需要经营自主的品牌生态系统。培育在世界上有着重要影响、拥有知识产权的自主知名品牌是我国从贸易大国向贸易强国战略转移的重要举措。21 世纪，企业要发展、创造自主品牌，使中国产品从品牌化走向国际化迫在眉睫，中国企业不能再一味追求大而强，而应该把重心转向自主创新，培育自主品牌和名牌。但是，很多公司忽略了以下真相：真正的品牌是存在利益相关者的心里的。换言之，即使公司拥有品牌名称和商标所有权，品牌的真正拥有者却是利益相关者。

绿色品牌是一种消费者的体验，本质上是要建立一种人与环境和谐统一的经营理念，也是企业的核心竞争力，创立和培育自主知名品牌是落实科学发展观的重要途径，培育消费者绿色品牌消费观也是实施绿色发展的战略落脚点之一。

1.2.2 品牌绿色健康发展的必要性

日益严峻的生态环境挑战使得国家更加注重经济与自然的协调和高质量可持续发展。抓住绿色经济的牛鼻子，实施绿色品牌战略，有助于推动绿色生产满足日益增长的绿色消费需求，品牌是市场概念，强调以质量和口碑为基础；绿色则是生态概念，强调可持续发展。从概念内涵看，绿色品牌注重绿色性和持续性，针对绿色品牌的消费不仅可以帮助消费者解决环境问题，还能体现消费者的环保意识，有利于品牌主体的可持续发展及更好地参与到国际竞争中，也是对党中央关于高质量可持续发展的应用研究。

品牌类似于自然界中的生态系统，它是一个非常完整的生态系统，自然界中的生态规律同样适用。如前所述，本书基于商业生态系统视角，以超企业边界的商业生态系统为研究范围，从品牌绿色可持续健康发展视角提出了品牌群落及品牌生态系统等新的品牌建设思路。

王兴元将品牌生态系统定义为以品牌为龙头、集品牌和与其生存发展相关的环境复合而成的商业生态系统，是一个融合了众多品牌群及各个行业的行为主体的复杂适应性的开放系统，由个体品牌生态系统和区域市场、产业的整体品牌生态系统共同组成。蔡国英等认为品牌生态系统是企业品牌内外环境因素之间相互影响、相互作用形成的具有稳定结构并表现特定功能的有机体。基于品牌价值视角，品牌生态系统是那些有助于建立强大品牌的一系列活动，涵盖从初始设计构想到最终消费者品牌体验的所有价值创造阶段 。基于品牌竞争视角，品牌生态系统是那些可能在竞争空间中相互影响和相互作用的所有品牌组成的环境。

综上，我国学术界对于品牌的研究晚于西方，在健康发展的品牌生态系统理论方面的有价值研究成果较少，本书的研究将为我国的绿色品牌发展方略贡献绵薄之力。

1.3 撰写目的

如前所述，本书引入党的二十大倡导的绿色发展理念，全面阐述绿色经济高质量发展背景下品牌（企业）生态健康发展理论，阐明品牌生态系统健康评价并进行实践应用运行实务分析。本书以超企业边界的商业生态系统为研究范围，从品牌（企业）绿色可持续健康发展视角提出了品牌群落及品牌生态系统等新的品牌建设思路，其目的：一是弥补传统的品牌理论的片面性、单一性；二是引导企业适应数字新经济环境的变化，选择适宜的品牌经营策略，保障企业品牌健康可持续发展，为企业不断创造绿色、健康、长寿品牌服务，倡导企业培育“以获得绿色忠诚为目的、以低碳可持续发展为目标的区域公共品牌生态系统”，建构于产品、企业、产业集群、城市等品牌载体上，促进社会－经济与自然发展的和谐同生。

本书的研究力求在科学理论和实践的基础上找到绿色健康品牌发展策略，引导大众绿色健康消费理念，刺激绿色消费热情，引导企业经营者和管理者寻找全新的品牌建设路径，为最终实现我国品牌可持续健康发展提供战略支撑。

1.4 方法和思路

1.4.1 方法运用

① 文献综述法。采用文献综述和网络搜索法对相关的理论研究成果进行整理、归纳、总结，在寻找研究空白点的基础上，利用交叉学科的理论和研究方法对企业进化理论中有关的组织结构等方面进行深入探讨，建立本书的研究框架。

② 综合运用多学科理论、方法进行交叉研究。综合运用自然生态学、社会生态学、政治生态学、组织生态学、质量生态学、运筹学、管理学、市场营销学等有关的理念、概念、机理、理论、方法，寻求其共性和一般法则，以丰富完善相关研究的理论。

③ 充分利用个案进行实证研究。本书的研究过程中，由于条件限制，

运用查阅国内外文献资料和网络搜集的方式来获得所需的数据资料归纳所研究内容的一般规律性结论，而国内外已有的个案则是本书研究的参考依据。

④ 案例研究和实证研究相结合。本书将相关理论研究成果运用于提升我国品牌的实践管理效率的案例研究中，以求理论联系实际，达到理论和实证的有机统一，检验所研究理论和方法的可行性与有效性。

1.4.2 布局思路

绿色品牌和品牌生态作为目前的研究热点，将两者融合的绿色品牌生态系统内涵是什么？文献研究表明，绿色品牌生态系统以获得绿色忠诚、实现绿色发展为目的，兼具商业生态系统和自然生态系统的属性，是商业生态系统与自然生态系统耦合发展的产物，对“共同构建人与自然生命共同体”具有重要启示意义。因此，本书结合实际案例，从是否存在主导品类出发，将绿色品牌生态系统分为三大类，紧扣绿色品牌生态系统的核心品牌载体，提出未来需要重点关注的七大研究课题并从理论创新、内外部衍生应用、价值识别和评估及未来完善空间几个方面提出研究展望。

本书共分四大部分：第一部分是紧扣绿色发展的，阐述绿色发展与品牌生态系统健康发展的关系，注重对绿色品牌生态系统核心结构要素和载体的阐述；第二部分是关于品牌生态系统生命周期的演替规律和品牌与品牌建设利益相关方的协同演化机理；第三部分从内外部衍生应用、价值识别评估、策略分析等方面完善建立品牌生态系统健康评价体系；第四部分从战略角度提出品牌培育策略。

1.5 主要内容

1.5.1 本书结构与主要内容

第1章是绪论，分析了品牌生态系统理论研究的现实背景和理论背景，指出品牌生态系统研究之所以成为品牌研究的热点原因所在；对本书的理论意义和现实意义进行了描述和分析；同时，提出了本书的研究方法和创新点，构建了本书的总体研究思路。

第 2 章是绿色发展与品牌健康评价关系。在阐述绿色发展理念的基础上对国内外品牌生态系统理论进行了系统论述，还对组织生态理论和组织健康理论进行了综述，对品牌和品牌生态系统健康等相关概念进行辨析，方便规范研究。通过回顾国内外学者对品牌生态系统的一般研究并运用数学方法对品牌生态系统进行实证研究，找到本书切入的角度。

第 3 章是健康发展的品牌生态系统构成特征，讲述品牌与品牌生态系统的界定、品牌生态系统结构特征和品牌生态位界定与测度方法的研究。

第 4 章是健康发展的品牌生态系统功能。以品牌生态位为基点，研究品牌生态系统的结构功能，包括生态系统内不同生态位品牌的竞争原理、品牌生态系统环境因素分析，有助于研究品牌生态系统的演化机理。

第 5 章是健康发展的品牌生态系统时空演化。品牌生态系统的成长过程就是其品牌生态位空间不断扩张的过程，通过生命周期的进化，不断吸引系统内资源的汇集并优化，引起系统生态功能的完善。品牌个体在不同的时期，将采用不同的发展对策。

第 6 章是品牌各利益相关者协同演化。品牌生态系统内品牌与生态环境的协同演化实质是品牌与其利益相关者之间的协同进化关系，主要包括品牌与其涵盖产品系统之间的协同进化、品牌与其所在的企业系统之间的协同进化及品牌与其承载的质量系统之间的协同进化。

第 7 章是品牌生态系统的健康性评价设计与运行。品牌与各利益相关者通过占据不同生态位空间共存于某一品牌生态系统内，品牌与各利益相关者的协同进化客观上要求其所在系统健康运行。本章从组织多样性、组织抵抗力和组织活力 3 个方面建立了评价模型。

第 8 章是区域品牌生态系统健康培育策略。本章以中关村科技园区海淀园的发展数据为基础，采用第 7 章的品牌生态系统健康评价模型和评价方法，对中关村科技园区海淀园区域品牌生态系统的健康状况进行了实证与策略分析。基于此结果，给出了我国构建健康品牌生态系统的对策，以提升企业的品牌管理能力。

1.5.2 本书设计思想

思想 1：基于绿色品牌定位视角完善了品牌生态位内涵并创新性构建品牌生态参数、品牌种内竞争和种间竞争模式，揭示了品牌与品牌各利益相关者之间的协同演化本质内涵，阐明品牌生态系统内在结构与功能，从绿色品牌利益视角出发进行绿色品牌利益感分类，阐述品牌的绿色属性和健康环保功能，引导绿色健康消费。

思想 2：从生命周期的角度研究品牌生态系统生命周期演替，提出了品牌生态系统的成长过程就是其品牌生态位空间不断扩张的过程，品牌经历草本型 – 灌木林型 – 森林型（乔木林型）的进化，则其所处生态系统依次经历更新期 – 积累期 – 过渡期 – 稳定期 – 蜕变期，进而提出了品牌生态系统不同生命周期的品牌战略类型，阐明不同发展类型绿色品牌感知风险应对策略，培育品牌绿色感知质量和绿色品牌意识，降低绿色感知风险，提高绿色品牌资产价值。

思想 3：借助生态学系统健康评价指标，提出了品牌生态系统健康的评价指标，进而建立了品牌生态系统健康评价体系。以典型的多个产业品牌集聚的生态系统——中关村科技园区海淀园品牌生态系统为例，通过案例分析、数据实务分析，提出了区域品牌发展与培育的策略，借区域品牌传递绿色健康产品的相关信息以达到刺激潜在绿色消费者消费热情的目的。

第 2 章 绿色发展与品牌健康评价关系

品牌生态学本身是多学科交叉的学科，是网络经济时代各种具体品牌思想、方法及先进品牌管理技术的集成、综合和创新。其庞大的理论体系涉及的研究领域不可能在这部粗浅的著作中都有所提及，挂一漏万在所难免，文献综述及相关研究评析的内容是与本书展开研究工作的思路密切相关的部分，即在当前可持续发展理论的框架内，借鉴组织生态学和品牌学的思想方法研究品牌管理问题。这一研究目前属于新兴领域，相关研究的论著不多，偶尔见诸的也只是零散的论述，本书相关文献包括组织生态学、品牌学、组织健康理论。

2.1 绿色发展推动生产消费变革与发展

组织生态学研究的核心问题是组织的异质性和组织之间的替代。它主要关注的不是组织发展的结果，而是组织发展过程的选择，即“一些组织组成的一种形式何以被另外一种组织形式替代的变化”。

将达尔文的生物进化论思想系统运用于组织研究，始于 20 世纪 70 年代末、80 年代初，其代表人物是 Hannan 和 Freeman。二人在综合有关组织生态学论述的基础上，提出了完整的组织生态概念和研究框架，建立了可以衡量企业个体成长、变迁和演替的数学模型。Hannan 和 Freeman 认为：企业变迁和环境选择是种群演化的主要路径，种群密度与企业死亡率有直接的关系，而影响企业分类和种群密度的关键要素是技术和制度。他们系统的将生物进化与生态学的原理应用于组织问题研究，详细论述了组织与环境关系的“适应性理论”并提出了“组织种群”的概念，初步提出了组织种群的生态模型，对“竞争理论”“组织生态位理论”也做了阐述。1989 年，Hannan 和 Freeman 合著的《组织生态学》出版，对早期组织生态学的理论研究成果进行了系统总结。

1988 年，Carroll 主编的《组织的生态模型》收纳了 12 篇文章，提出了“存活率”的概念，还提出了组织中的许多选择过程实质是采用社会的、文化的、制度的标准观点 。1992 年，Hannan 和 Carroll 出版的《组织种群动力学：密度、合法化与竞争》对组织种群动力学进行了系统研究，进行了实证与模拟分析，确定了组织出生率和死亡率，从而确定组织种群生长规律的定量表达。

保罗·霍肯在其著作的《商业生态学：可持续发展的宣言》中，利用生态思想系统探讨了商业活动与环境问题的相互关系，指出：环境保护问题的关键是设计而非管理问题，创造一个可持续发展的商业模式才是企业唯一的真正出路。

1996 年，Tan、Sen Suan、Koh、Hian Chye 完成了《企业生态学专论》，将自然生态系统原理应用于人类组织活动，涉及的对象包括工业部门、学术领域和政府机构，研究的目的是环境资源的可持续性和保护问题。

1999 年，James F.Moore 在《竞争的衰亡：商业生态系统时代的领导与战略》一书中对企业生态系统进行了生动的描述，指出：在当今产业界线日益模糊的情况下，企业不能把自己看成单个企业或扩展的企业，而应该把自己看成一个企业生态系统的成员，这个系统对顾客输出有价值的产品或服务，其成员有供应商、生产商、竞争者和其他利益相关者。在这个系统中，企业的投资和回报建立在生态系统的效益递增经济原理之上。James F.Moore 还提出了企业生态系统合作演化理论，一个企业生态系统合作演化经历 4 个阶段：开拓、扩展、权威、重振或死亡。管理一个企业生态系统要考虑 7 个维度：顾客、市场、产品或服务、经营过程、组织、利益相关者、社会价值和政府政策，在合作演化的每一个阶段，管理者可从这 7 个方面根据各阶段的主要任务和挑战的特征进行管理，以最终达到在成功的企业生态系统中取得领导地位的目的。

1997 年，布达佩斯俱乐部创始人欧文·拉兹洛在其与他人合著的《管理的新思维：第三代管理思想》中指出：在今天动荡变革的时代，整个商务世界正以前所未有的速度向全球方向进化，新产品和新技术以前所未有的速度加快其更新换代的步伐，企业正面临来自生态环境和社会环境及适应消费者价值观念变化等方面的严峻挑战。基于此，作者从组织原则、战略原则、经营原则 3 个方面提出了进化管理的 18 项原则。

1998 年，肯·巴斯金发表新著《公司 DNA：来自生物的启示》，提出了"市场生态"的概念，将自然科学的一些最新见解及关于动荡和复杂问题的最新研究成果融入现实战略管理中，强调忘掉公司再造，把注意力放在公司 DNA 上，他不仅关系到生物的生存，也关系到整个企业的未来。作者通过绘制生态图剖析了个人电脑市场生态进化的过程，以及如何创建有机公司与市场生态协同进化。

1998 年，Richard L.Daft 在其著作的《组织理论与设计精要》中利用种群生态学的概念论述了有关组织间的冲突与协作、组织生态系统演化等新的观点和方法，从而拓展了原有组织理论的固有边界。

2000 年，Carroll 与 Hannan 再度合作出版了《公司与产业的人口统计学》，借鉴人口统计学的方法深化了组织生态学的研究。2002 年，Baum 出版《组织指南》，按照组织内、组织和组织间 3 个层次对组织生态学研究的成果进行全面系统的总结和分析，提出了未来的研究方向。

2003 年，约翰·C.奥瑞克、吉利斯·J.琼克、罗伯特·E.威伦合作出版《企业基因重组：释放公司的价值潜力》，他们根据科尔尼管理顾问公司承担的项目，描述了企业正在被分解为越来越小的业务单元并指出这一趋势对企业管理者的启示。他们大胆指出：未来只有两种企业存在，一种是价值链的某个环节上及企业基因层面上具有最佳能力的企业，一种是具有将这些最佳能力进行最优组合的能力的企业。

综上，20 世纪 70 年代以来，组织生态理论的研究快速发展，研究范围逐渐扩大，研究领域逐步扩展，研究的深度与水平日益提高。这些理论注重在横向某一时点后从群体角度探讨组织特性与环境的关系，为组织生态理论的纵向进化研究奠定了认识论基础。

2.2 企业品牌建设遵循绿色健康发展的系统思想

2.2.1 品牌建设发展阶段

人们对品牌的理解随着时间的变迁而不断演进，从最初认为品牌是一个标识到现在把品牌看成复杂的生态系统，每个阶段的人们的认识都在不断深化。总的来看，人们对品牌的认识和研究大致可以分为以下几个阶段。

① 品牌资产价值。现代营销理论认为：产品是一种可以利用的物品或服务的功能利益，品牌则是一系列包括产品功能利益和情感的象征性价值的复合体。只有当品牌获得可持续的差异优势时，才构成一个特定产品的价值。从消费者心理与行为学的角度讲，品牌价值则是消费者根据自身对某一品牌的认识和偏爱程度而对该品牌的市场营销做出选择性反映的结果，即消费者赋予一个品牌超越其产品功能价值之外在心目中的形象价值。所以，在消费者心理学中将品牌价值也称为品牌资产。这一领域的研究主要基于两个理论。一个理论是美国著名品牌理论鼻祖 David A. Aaker 的观点，他认为强势品牌之所以有价值、为企业创造利润，是因为品牌是由高度的知名度、良好的知觉质量、稳定的忠诚消费者（顾客）群和强有力的品牌联想等核心特性组成的结构。换言之，品牌知名度、品牌知觉质量、品牌忠诚及品牌联想是构成强势品牌的核心要素。另一个理论则是广告与消费者心理学的观点，该理论认为产品到品牌是一个成长过程，即一个强势品牌的成长过程就是品牌与消费者之间关系不断沟通与发展的过程，这一沟通、发展过程可以从品牌知晓、品牌知名、品牌美誉和品牌忠诚等 4 个方面的相互关系发展得以体现。尽管 David A. Aaker 的观点与消费者心理学对品牌价值形成或品牌成长的理论略有差异，但主要观点是一致的，那就是品牌的成长是一个不断

地维系企业、产品（服务）与消费及各类相关利益者关系和沟通的过程。

② 品牌生命周期。乔尔·迪恩首先提出产品生命周期理论。同样，把品牌明确视为一个生命体，欧洲经济学家、德籍教授曼弗雷德·布鲁恩提出了品牌生命周期理论，指出品牌生命周期由6个阶段组成，即品牌的创立阶段、稳固阶段、差异化阶段、模仿阶段、分化阶段及两极分化阶段。关于品牌的生命周期性，菲利普·科特勒认为，应该用产品生命周期的概念加以分析，即品牌也会像产品一样，经历一个从出生、成长、成熟到最后衰退并消失的过程，但同时也应承认：现实情况是许多老品牌仍经久不衰。学者约翰·菲利普.琼斯对上述传统的品牌生命周期理论做了较为深入的实证研究，研究结果发现，传统的生命周期理论存在以下缺陷：品牌发展过程并不完全遵循成熟后必衰退的规律；品牌的生命周期是一个自我实现的概念，而不是一个自然生长的概念；产品可能会过时，但品牌不一定会随产品而进入衰退期；品牌生命周期学说往往会诱导企业不恰当地将旧品牌向新品牌转移，造成真正的资源损失。在此认识的基础上，约翰·菲利普.琼斯对品牌成长发展的过程做了进一步的深入研究，认为品牌发展过程应分为孕育形成阶段、初始成长周期阶段和再循环阶段。品牌生命周期的理论和方法就是把品牌看成一个有机体，而不仅仅是一个标志，从把握全程到注重阶段并提出动态管理的思想，这对于思考品牌的管理、使品牌突破生命周期并得以可持续成长，提供了一个新的视角。

③ 品牌个性理论。由伯利·B.加德纳和西德尼·利维发表的第一篇有关品牌的论文是具有创新性的，在这篇文章中已经隐含着把品牌作为生命体的认识，从而开创了“品牌个性理论”的启示。他们指出：品牌的创建要超越差异性和功能主义，它应该注重开发一种个性价值。Lannon、Cooper运用人类学和心理学，创建了品牌的情感主题。Lannon在1994年又进一步探索品牌作为一种象征性手段增加品牌的价值。美国营销学界的泰斗Alvin Achenbaum认为，“使一个品牌与无品牌的同种产品相区别并使该品牌具有净值的是消费者对产品特征、产品功能、品牌名称及名称所代表的意义和使用这一品牌的公司的总体感觉和知觉”。菲利普·科特勒

认为，品牌从本质上表达了6层含义：属性、利益、价值、文化、个性和使用者。战略品牌管理先驱 Kevin Lane.Keller 也这样认同，“品牌是一个可感知的存在，植根于现实之中，但映射着个人的习性”。从切纳瑞和麦克唐纳对品牌所下的定义中也能透视出他们对品牌生命的认识。

④ 品牌生态系统概念。安格尼斯嘉·温克勒在其著作的《快速建立品牌：新经济时代品牌策略》中提出并系统探讨了“品牌生态系统”的概念和管理问题，指出品牌生态环境是一个复杂的、充满活力的、不断变化的有机组织。国内外对品牌生态系统理论的研究集中在品牌生态系统的结构及其管理模式上。张中哥等提出品牌生态系统是一个充满活力并不断变化着的复杂有机组织和体系，有着极其复杂的层次和结构。品牌生态管理除了构造企业内部品牌系统的战略外，还要通过精心地组建相互关系、相互促进的品牌群落来创造可持续的竞争优势。James F.Moore 于 1996 年首次提出商业生态系统的概念，建立了商业生态系统的理论。David A. Aaker 提出的“品牌群落”概念也是从更高层面的佐证。英国的 David Wheeler 和 Maria Sillanpaa 把品牌的利益相关者大致分为4类，即主要社会利益相关者（员工和管理人员，投资者，客户，供应者和业务伙伴，当地社区）、次要社会利益相关者（竞争对手，贸易团体，媒体和评论家，压力集团和工会，社会和第一、第二世界，政府和文明社会）、主要非社会利益相关者（自然环境，非人类物种，人类后代）、次要非社会利益相关者（环境压力集团，动物利益压力集团）。我国学者王兴元提出“名牌生态系统”的概念，指出名牌生态系统是指以名牌为龙头的品牌生态系统，由环境、名牌、企业、供应商、中间商、顾客、公众、相关组织与群体等成员组成，各个成员依赖名牌获利而得以生存与发展，它是社会商业生态系统的核心组成部分。

菲利普·科特勒指出：从外部环境中来看，目前品牌管理视野应扩展到生态系统领域，这种巨变的催化剂是全球化、科技化、自由化和民营化。

随着科学技术的发展，生态位理论已迅速渗透到很多领域。有的学者将生态位概念引入品牌生态系统研究，可有效地描述与解释若干市场现象及品牌发展规律。有关品牌生态位的概念目前尚无统一的表述。国外有关品牌生态位的概念相对狭窄，其生态位的含义仍取自然生态位的本意“小生境”，而且大多局限于直接引用生态学中“生态位”“生态位适合度”的概念并沿用“品牌生态位重叠”的称法。如 Georger Milne 将生态位理论应用到了杂志品牌竞争，认为品牌生态位重叠是品牌对相似顾客资源的竞争，而品牌生态位重叠度则可以衡量品牌对顾客资源竞争的程度。王兴元认为品牌生态位是品牌在市场中利用市场资源的综合状态，是品牌生存条件的集合体。品牌生态位重叠是指品牌在市场中所处的位置和所利用的市场资源存在交集的状态。当两个品牌利用同一市场顾客资源或共同占有其他环境变量时，就会出现品牌生态位重叠现象。此外，在品牌定位研究领域，也有类似而容易混淆的概念，如“品牌定位重叠”“品牌定位趋同”“品牌稀释”等，主要对应竞争品牌之间的差异化定位状态。然而，一些知名咨询公司，如美国著名的品牌设计公司 Lippincott Mercer 公司，已经初步给出“品牌重叠”的说法，用以描述品牌对市场份额的争夺。

关于生态位形成和生态位关系的研究属于目前生态学中最为活跃的领域之一，有些学者已经尝试着借鉴生态学原理建立品牌生态位的测度模型，但关于品牌生态位的理论仍没有统一的认识和成熟的理论，其机理和原理的研究仍然是刚刚起步。

此外，黄昌富、王新新、陆娟、张锐等人也对品牌生态系统特征进行了探讨。

2.2.2 关键概念辨析

品牌生态学是一门新成长起来的学科，关于它的定义、研究对象、内容、任务及采用的研究方法，都未形成统一的认识。张燚和张锐认为，品牌生态学是以生态学理论为基础，运用生态学的方法研究以组织和人为核心的品牌生态系统的结构、功能、动态、系统组成成分，以及系统与周围生态环境系统间相互作用的规律，利用这些规律优化系统结构、调节系统关系、提高组织运作和资源利用效率以改善品牌“生态空间”，实现结构合理、功能高效和品牌关系协调的一门综合性学科。王兴元认为，品牌生态学是研究品牌生态系统及其生存环境存在状态、相互作用与发展变化的应用性学科。这里，品牌生态系统是指由品牌及其赖以生存发展的相关环境复合而成的商业生态系统；品牌生态环境是指品牌生存发展依赖的内部、外部环境，它由内部微观环境、外部微观环境及外部宏观环境组成。笔者认为，在对品牌生态学的概念进行科学界定之前，必须要明确生态学中的几个相关概念。

生态学：研究生命系统与环境系统之间相互作用规律及其机理的科学（马世骏）。这里，生命系统是指由动物、植物、微生物及人类本身组成的不同的生物系统，而环境则是指生物生活中的无机因素、生物因素和人类社会共同构成的环境系统。

生态群落：在特定的空间或特定的生境下，具有一定的生物种类组成及其与环境之间彼此影响、相互作用，而且具有一定的外貌及结构（包括形态结构与营养结构）并具有特殊功能的生物集合体。简单地说，就是一个生态系统中具有生命的部分。

生态系统：就是在一定空间中共同栖居的所有生物（即生态群落）与其环境之间由于不断地进行物质循环和能量流动过程而形成的统一整体。

国内众多学者将生态学的理论和方法引入到经济学和管理学中时，经常混淆“生态系统”和“生态群落”两个概念之间的差异。基于生态学对“生态学”“生态群落”及“生态系统”的定义，本研究认为，品牌群落是指在特定的商业领域里，具有一定的品牌种类，由产品或服务组成的及其与周围营商环境之间彼此影响、相互作用，而且具有一定的外貌及结构（包括形态结构、品牌种类、数量、品牌力和功能链结构）并具有演替、协同进化、自然选择的类生物功能的品牌集合体；品牌生态系统是指“在特定的营商环境中，品牌群落与其环境之间相互作用、相互影响形成的统一整体”；品牌生态学则是网络经济时代，品牌与环境之间互动演化趋势下诞生的一门新的交叉学科。

2.2.3 品牌生态学诞生的时代背景

英语“品牌”一词源于古挪威语的“brandr”，意思是“打上烙印”，这可以说是品牌最为原始的定义。如今，品牌的内涵已经远远超出了早期“识别”的范畴，呈现出日益多元化的态势，这是企业管理者和学者们对品牌这一术语有多种理解意义的原因所在。菲利普·科特勒认为，品牌就是一个名字、称谓、符号或设计，或者是上述的总和，其目的是要使自己的产品或服务有别于其他竞争者。

1955年，Burleigh B.Gardner和Sidney J.Levy在《哈佛商业评论》上发表《产品与品牌》的研究论文，Burleigh B.Gardner和Sidney J.Levy提出了情感性品牌和品牌个性的思想：认为品牌的发展是因为品牌具有能满足顾客理性和情感需要的价值，品牌的创建要超越差异性和功能主义性价值。世界著名广告大师David Ogilvy认为，品牌是错综复杂的象征，它是品牌的属性、名称、包装、价格、历史、声誉、广告风格的无形组合，同时也因消费者对其使用的印象及自身的经验而有所界定。奥美公司认为，品牌是消费者与产品的关系，消费者才是品牌的最后拥有者，品牌是消费者经验的总和。Alexander L.Biel把品牌形象定义为消费者记忆中关于品牌的所有联想的总和，认为品牌形象是消费者头脑中与某个品牌相联系的属性集合和相关联想，是消费者对品牌的主观反映，认为：品牌资产是一种超越商品及所有有形资产以外的无形资产，其带来的好处是可以预期未来的进账远超过推出具有竞争力的其他品牌所需的扩充成本。国内的余明阳认为，品牌是在营销或传播过程中形成的，用以将产品与消费者等关系利用团体联系起来并带来新价值的一种媒介。总的来说，以往关于品牌的概念大多是从符号、情感、关系、资产、媒介等角度进行定义的。

伴随着品牌内涵的日益多元化，客观上形成了一个以品牌为中心的复杂系统，包括品牌拥有企业、供应商、中间商、消费者、竞争对手、媒体、政府等经济、社会各要素，甚至还包括一些自然要素。因此，人们必须从一个全新的角度认识品牌的内涵及其所处的复杂环境，进而建立新的品牌理论和品牌管理模式。生态学是解决复杂性问题的桥梁，近几十年来，生态学以其强大的生命力向其他学科渗透，诞生了诸如生态经济学、社会生态学、生态伦理学、生态汉语学、教育生态学、商业生态学、企业生态学等边缘分支学科，品牌生态学便是在这样的理论背景下诞生并发展起来的。

经济生态学的诞生可以追溯到20世纪初熊彼特的经济进化论；20世纪80年代，纳尔逊和温特出版的《经济变迁的演化理论》标志着这一研究的复兴，而几位诺贝尔奖得主和数学大师斯梅尔借鉴生物进化的理论模式来研究经济系统则开创了经济生态学的新纪元。此后，经济生态学的研究呈现出蓬勃发展的强劲态势。美国战略管理学家 James F. moore 于1996年首次提出商业生态系统概念，建立了商业生态系统理论。1997年，欧文·拉兹洛在其与他人合著的《管理的新思维：第三代管理思想》一书中，系统地将广义进化论应用于企业管理，提出了进化管理的18项原则。1998年，迈克尔·波特在《哈佛商业评论》上发表了《企业群落和新竞争经济学》一文，为经济生态学的研究和现代经济学的发展注入了新的活力。作为经济生态学分支学科之一的商业生态学在近几年发展尤为迅速。1998年，肯·巴斯金出版新著《公司DNA：来自生物的启示》，该书通过研究混乱和复杂的生物生态系统来理解同样复杂的商业系统发展的基本动力及其对企业组织设计和组织管理的意义。 Richard L.Daft 在《组织理论与设计精要》这部著作中利用种群生态学的概念论述了有关组织间冲突与协作、“组织生态系统”演化及正在出现的学习型组织等许多新的观点和方法。

值得一提的是，国内在此领域也产生了一些开创性的研究。王子平等出版了专著《企业生命论》，系统地提出了“企业生命”的内涵、组织等新思想。杨于元等在《业竞天择：高科技产业生态》中论述了高科技产业生态系统的形成与发展形态。王玉在其著作的基础上修改出版了《企业进化的战略研究》，该书系统研究了企业的进化特性及其机制。韩福荣等在著作《企业仿生学》中建立了企业生态学的基本框架，讨论了产业生态系统的有关问题。李朝霞基于经济系统是一个进化的复杂系统的新思路确立了以企业进化机制为研究课题，并且出版了著作《企业进化机制研究》。

2.2.4 品牌生态学的发展历程

Burleigh B.Gardner 和 Sidney J.levy 第一篇有关品牌的论文是具有创新性的，在该篇文章中已经隐含着把品牌作为生命体的认识，从而开创了“品牌个性理论”的启示，标志着品牌生态学研究的开启。美国著名品牌专家林恩·阿普绍将品牌描述成复杂的生物，迈克尔·穆恩等在《火炬品牌：网络经济时代的品牌铸造》中论述了品牌具有的生命性质。欧洲经济学家、德籍教授曼弗雷德·布鲁恩明确地把品牌视为一个生命体，首先提出了品牌生命周期理论。菲利普·科特勒认为应该用产品生命周期的概念对品牌的生命周期性加以分析。学者约翰·菲利普.琼斯对传统的品牌生命周期理论做了较为深入的实证研究。美国著名教授安格尼斯嘉·温克勒在其著作的《快速建立品牌：新经济时代品牌策略》中提出和系统探讨了“品牌生态系统”的概念和管理问题，指出品牌生态环境是一个复杂的充满活力的、不断变化的有机组织。国内，张锐出版了《品牌生态学》一书，主要探讨企业内部多元化的生态品牌及生态结构的创建、维护和发展；王兴元提出“名牌生态系统”的概念并就其若干问题进行了探讨。此外，黄昌富、王新新、陆娟、陈放等人都对品牌的生态学特性进行了探讨。

2.2.5 品牌生态系统健康评价概述

目前，对生态位重叠度的测评研究主要是基于 Hutchinson 对生态位的定义展开的，比较典型的有 7 种方法。①曲线平均法，又称相似百分率指数法，该方法的优点是从离散数据向连续数据转化十分简单，几何意义明确，但不适合计算某些植物种群间的生态位重叠值。②对称 α 法，该方法的特点是种群 i 与种群 j 的重叠值与种群 j 与种群 i 的重叠值相等，能够客观地反映种群之间对资源利用或生态适应的相似性。③不对称 α 法，该方法的特点是种群 i 与种群 j 的重叠值与种群 j 与种群 i 的重叠值不相等。该方法虽然不便于对两种在不同环境要素梯度上的生态位重叠关系的进行比较，但能够更好地估计 Lotka–Volterra 方程的竞争系数。④和 α 法与积 α 法，该方法适用于估计两个或更多个资源轴的联合效果。当资源轴相互独立时采用积 α 法，当资源轴不相互独立时采用和 α 法。⑤信息函数法，该方法计算复杂，而且没有清楚的生物学解释。⑥似然法，该方法采取的参数缺乏明确而恰当的生物学解释。⑦概率比法，该方法与资源的可利用状态结合起来，具有更合理的生物学解释。

正因为品牌重叠概念的界定局限于生态位理论相关概念的直接引用，从而与品牌重叠现象相关的测评研究也基本都是基于生态位视角的。一般是通过直接引入生态位重叠度的计算公式，或是简单综合几种计算方法，选取一些易于量化的环境指标，进而对"品牌生态位重叠度"进行测评。如 Georger Milne 基于 Hutchinson 的 n 维超空间的思想，借鉴用以生态位重叠度测度的不对称 α 法及和 α 法对 8 家知名杂志品牌生态位重叠度进行测量，选取的环境指标主要是收入、年龄等顾客特征。而王兴元直接利用 MacArthur 的类似不对称 α 法的测度方法对品牌生态位重叠进行测度，选取的生态位研究指标有市场占有率、不同收入层次顾客占有比例、不同产品结构比例等。

目前，国内外对生态位重叠已有不少计算公式，以下是本研究总结出可以用于研究品牌生态位重叠度测评的主要方法。

① 曲线平均法。

$$\alpha_{ij} = 1 - \frac{1}{2}\sum_{\alpha=1}^{n}\left|p_{i\alpha} - p_{j\alpha}\right| \tag{2-1}$$

公式（2–1）中，$p_{i\alpha}$ 和 $p_{j\alpha}$ 分别代表种群 i 和种群 i 中利用资源状态 α 的个体数。如果是连续数据，公式（2–1）可变为公式（2–2）。

$$\alpha_{ij} = 1 - \frac{1}{2}\int\left|p_1(\alpha) - p_2(\alpha)\right|d\alpha \tag{2-2}$$

曲线平均法的主要优点是从离散数据向连续数据转化十分简单，几何意义明确；不足之处是 α_{ij} 有时为负值，没有意义，说明此方法不适合计算某些植物种群间的生态位重叠值，不能准确地反映出种群生态位重叠的实际情况。

② 对称 α 法，Pianka 公式。

$$\alpha_{ij} = \sum_{\alpha}^{n}\frac{p_{i\alpha}p_{j\alpha}}{\sqrt{\left[\left(\sum_{\alpha}^{n}p_{i\alpha}^{2}\right)\left(\sum_{\alpha}^{n}p_{j\alpha}^{2}\right)\right]}} \tag{2-3}$$

公式（2−3）中，$\alpha_{ij}=\alpha_{ji}$。对称 α 法对种群的个体数量或其在群落中种群的数量特征不敏感，但它却能客观地反映种群之间对资源利用或生态适应的相似性，具有较为直观的几何解释，而且其生态位重叠不超过 1，便于对不同种群的生态位重叠进行客观比较，具有较强的实用性。

③ 不对称 α 法，Levins 公式。

$$\tilde{\alpha}_{ij}=\frac{\sum_{\alpha=1}^{n}\left(p_{i\alpha}p_{i\alpha}\right)}{\sum_{\alpha=1}^{n}p_{i\alpha}^{2}} \tag{2-4}$$

公式（2−4）特点是 $\alpha_{ij}\neq\alpha_{ji}$，即种群 i 与种群 j 的重叠值与种群 j 与种群 i 的重叠值不相等。由于利用公式（2−4）计算的生态位重叠值不是归一化数据，因此不便于对两种群在不同环境要素梯度上的生态位重叠关系进行比较。而且，Levins 公式缺乏直观的几何解释，同时由于重叠矩阵的非对称性，对于梯度不同的两个种群，生态位重叠关系的比较十分复杂。但是，由于它比对称α法能更好地估计 Lotka-Volterra 方程的竞争系数，因而常常被采用。如果 $p_{j\alpha}=kp_{i\alpha}$，则 $\alpha_{ij}=k$，这就反映出一个问题：如果种群 j 比种群 i 能更有效地躲避调查者，那就影响 α_{ij} 的值，所以，在计数或计算二者比例时要格外小心。

④ 和α法与积α法。该法可以估计沿两个或更多资源轴α的联合效果。当资源轴互相独立时，则 α 的联合效果采用积 α 估计，即：

$$\alpha_{ij}^{p}=\prod_{k=1}^{k}\alpha_{ij}(A_k) \tag{2-5}$$

公式（2−5）中，α^{p}_{ij} 是种群 i 和种群 j 的 α 乘积；$\alpha_{ij}(A_k)$ 是第 k 个 A 资源的 α_{ij} 值。当资源轴不独立时，用和 α 法估计，即：

$$\alpha_{ij}^{s}=\frac{\left[\sum_{k=1}^{k}\alpha_{ij}\left(A_k\right)\right]}{n} \tag{2-6}$$

公式（2−6）中，α_{ij}^{s} 是种群 i 和种群 j 的 α 之和。这种方法的最大优点是可以沿多个资源轴计测生态位重叠，但最大的难点是生物系统中一般难以判断资源的独立与否。

⑤信息函数法。

$$R_0 = \frac{\sum\left[\left(p_{i\alpha} + p_{j\alpha}\right)\lg\left(p_{i\alpha} + p_{j\alpha}\right)\right] - \sum p_{i\alpha}\lg p_{i\alpha} - \sum p_{j\alpha}\lg p_{j\alpha}}{\left(p_i + p_j\right)\lg\left(p_i + p_j\right) - p_i\lg p_i - p_j\lg p_j} \quad (2-7)$$

公式（2-7）中，P_i 和 P_j 分别为种群 i 和种群 j 的总数。该公式不仅计算复杂，而且分子分母没有清楚的生物学解释。

⑥似然法。

$$G = r^{\frac{1}{N}} = r^{E} \quad (2-8)$$

公式（2-8）中，$r = \prod\left(\frac{c_j}{p_{ij}}\right)n_{ij}$；$E = \frac{\left[\sum n_{ij}\left(\log_r^{C_j} - \log_r^{p_{ij}}\right)\right]}{N}$；$N = \sum I_{ij}$；$c_j$ 为所有种群利用第 j 个资源的频率。

⑦概率比法。Hurlbert 对曾经使用的生态位重叠公式提出了批评，并且引入新的计算公式：

$$L = \left(\frac{A}{XY}\right)\sum_{I}\left(\frac{x_i y_i}{\alpha_i}\right) \quad (2-9)$$

公式（2-9）中，x_i 和 y_i 是利用资源状态 i 的种群 1 和种群 2 的数量；α_i 是可利用的资源状态 i；A 是所有可利用资源之和；X 和 Y 是种群 1 和种群 2 的总数。能与资源状态的可利用性联系起来，因而比以前的公式具有更合理的生物学解释。

⑧王刚公式。王刚等将生态位定义为从环境状态集合 $A=\{x|x=(x_1, x_2,\cdots,x_n)\}$ 到物种 Y 的密度集合的一个映射 $f(x_1,x_2\cdots,x_n)$。在此定义下，Y 在 x_i 轴上的生态位宽度即是点集 $A_i=X\ Pr_{ji}\ f(x_1,\cdots,x_i,\cdots,x_n)>0$ 的测度 $m(A_i)$，n 维向量 $W=[\ m(A_1),\cdots,m(A_i),\cdots,m(A_n)\ ]$ 则是物种 Y 在 n 维生态要素空间上的生态位宽度；两物种的生态位重叠定义为两个种群在生态学上的相似性，继而推导出计测生态位重叠的改进公式（2-10）。

$$N.O. = \frac{\int D..\int \min\int\left[\ f\left(x_1,...,x_n\right), g\left(x_1,...,x_n\right)\right]\ dx_1...dx_n}{\max\left[\int D\int f\left(x_1,...,x_n\right) dx_1...dx_n, \int D..\int g\left(x_1,...,x_n\right) dx_1...dx_n\right]} \quad (2-10)$$

公式（2-10）中，$f(x_1,\cdots,x_n)$、$g(x_1,\cdots,x_n)$ 分别为两物种的连续型生

态位。王刚等还给出了当 $x_1, x_2, \cdots, x_n$ 取离散值时的两物种的生态位重叠的离散型计测公式。王刚等认为以上生态位测度的改进公式有几何上的直观性，便于理解。

2.2.6 品牌生态学发展成果

品牌生态学作为一门新成长起来的学科，受到了国内外众多学者的关注，在较短的时间取得了具有一定影响力的成果，但也存在着很多问题，必须引起相关学者的注意。①学科体系不完善。目前，品牌生态学的研究主要是集中在品牌生态系统结构及其管理模式上。尽管众多国内外学者在品牌 DNA、品牌生理、品牌种群、品牌群落等方面也进行了一些探讨，但远未形成完整的理论体系，即使是研究较多的品牌生态系统理论也不完善。②研究工作只是停留在表层。现阶段有关品牌生态学的各种理论，更多地还是停留在概念引入及现象描述的层面上，而对深藏在品牌个体、品牌种群、品牌群落内部的生理、生态运行规律及其协调机制的研究则还未曾涉及或只是开展了一些初步的探索。③对生态学中的相关概念存在错误理解。品牌生态学是涉及品牌学和生态学两门学科的边缘学科，研究者必须能够较好地掌握这两门学科的相关概念和理论体系，否则，只会得出一些不具科学性的研究成果。

对品牌生态位空间的测度，能够揭示各个品牌生命体对商业生态环境中不同生存资源的利用能力、对商业生态环境要素的适应能力及对商业生态空间的占据能力，能够定量化描述品牌生命体间的共存关系和竞争机制，能够认清不同尺度品牌群落（商业品牌群落、产业品牌群落、家族品牌群落及企业个体品牌群落）的生态空间结构（垂直等级结构和水平分布格局）的静态特征和动态变化，这些是企业成功实现品牌生态对策选择以形成旺盛的品牌生命力的基础。

关于品牌生态系统理论的研究，我们总结前人的研究成果，得出如下评述。①有关生态系统内品牌生态位的相关或相似概念的界定并不清晰。对于现有研究中论及的品牌生态学的相关概念只是对生态学中相关概念的直接引用，未必适合品牌研究领域，未必能够很好地概括各种品牌现象的本质。②无论是有关品牌生态位、品牌种群、品牌群落或是品牌生态系统理论的研究，都是研究在商业生态系统中品牌物种对其生存的商业生态环境的适应过程，本质上都倾向于从企业或品牌本身的视角去认识和研究品牌现象，而在实质上忽略或轻视了顾客等利益相关者对品牌的作用。本书针对这两个问题将展开论述。

从现有企业生态学、品牌生态学的理论体系来看，将生态学中的“生态位”概念引入到品牌生态系统的研究中，提出“品牌生态位”的概念和“品牌生态位”的理论框架，从“品牌生态位”的角度研究商业生态系统中的品牌演化规律，进而对区域品牌生态系统的健康性进行评价，进而探讨品牌生态系统的不同成长期状态下的生态对策选择为主要研究内容，不仅能够有效地指导企业经营与企业管理者成功地培育和繁殖品牌，还能够丰富和充实现有的品牌生态学理论体系。

2.3 绿色发展与组织健康评价

随着组织环境的变迁，“健康型组织”和“组织健康”成为20世纪90年代逐渐兴起的话题。

① 组织健康的界定。关于健康，世界卫生组织的定义是“健康是一种身体、心理和社会上的完美状态，不仅仅是没有疾病和不呈现虚弱状态”。这个概念强调了健康是身体、心理和社会功能3个方面的统一体。世界卫生组织后来又对健康做了新的界定，“健康不仅仅是没有疾病和不呈现虚弱状态，而且包括身体健康、心理健康、社会适应良好和道德健康”。而组织健康研究源于工作压力对员工健康的影响的研究，进而扩展到更广泛意义的组织健康研究。组织健康是一个没有明确统一定义却被广泛使用的概念。人们似乎有一种潜在的认同，即健康是一种值得获取的状态，因为健康的组织，其结构、文化和管理流程有助于实现高水平的绩效。

学术界对组织健康的认识经历了一个不断发展的过程。较早的组织健康研究始于对学校组织的研究。Miles将“健康”一词用于衡量学校特征，指出健康的组织不仅能在环境中生存，而且能长期地成长与繁荣。Hoy、

Tarter 和 Kottkamp 则认为学校组织健康是学校组织成员对其工作环境的知觉意识，是种主观认知。后来，组织健康研究逐渐扩大到更广泛意义上的组织对象研究中，包括营利和非营利组织。French 认为组织健康取决于人员与环境的正确匹配，这和 Parsons 的界定相似。Parsons 认为组织健康是组织在技能、管理和制度等方面解决对组织环境的适应问题。Cooper 和 Cartwright 则强调健康的组织要同时具有成功的财务利润又能保持生理、心理健康的员工队伍。Lyden 和 Hlingele 认为组织健康不仅包含企业有效运营的能力，还包括其成长和发展的潜力。Miles 指出，组织健康是指一个组织能正常运作、注重内部发展能力的提升，并且能有效、充分地应付环境变化、开展合理变革的过程。Nadkarni 和 Lovey 则认为，组织健康是组织同时高度满足了 6 个主要标准的整体状态，这 6 个标准是平衡组织主要目标、创造归属感、最小化熵、创造满意顾客、组织成长、与环境和谐。Quick、Macik Frey 和 Cooper 强调，健康的组织应重视、利用和支持组织成员的各种不同类别的健康，只有通过组织成员共同有效的沟通协作才能实现组织健康。

从上面的讲述中我们可以看出，学术界对组织健康的认识是逐步深入的，从单纯地关注组织中某个方面或某些方面的利益（如组织利益、员工利益、环境适应）到逐步关注组织内的各利益相关者的全面利益。我们定义的组织健康是：一个组织具有可持续成长和发展的状态，它既要注重内部能力提升，又能有效地适应外部环境变化，从而实现组织的良好的社会效益。

② 组织健康评价研究。组织健康具有多层次性已经得到人们的共识。Newell 指出，组织要成功，必须促进个体、团体和社会的健康。Bennett、Cook 和 Pelletiier 认为组织应同时关注不同层次的健康，包括个体与组织，甚至外部环境。简言之，健康的组织是饱含有活力、有士气的组织，还有健康、热情的组织成员。我们无法想象任何组织个案在组织层面健康，但组织成员却充满痛苦，这不是健康组织。目前，对于组织健康的研究主要从个体层面和组织层面展开。其中，个体层面的研究历史最长，研究成果也最丰富。

从组织层面对健康评价主要是从对员工健康的研究衍生出来的 Keller 提出的 Goolsby 健康领导模型，验证了正直和富有勇气的领导将对个人和组织健康产生高度影响，包括活力、生产力和灵活性等方面，而 Avolio 和 Luthans 的研究证明领导人员的健康状况及他们对健康的态度都会影响组织中其他人员的健康和组织的健康结果。此外，还有研究组织文化、管理风格、决策参与、买方力量等对组织的健康的影响。组织健康作为自变量的情况，当个人和组织以一种健康的方式行动时，得到的结果将对组织的大量利益相关者产生积极的影响。

从上述分析可以看出，组织健康的内涵是动态变化的，不同时代和文化背景下，人们对组织健康的评价也不同。目前，在全球化背景下，组织健康评价是多维度、多层面的，而且要更加强调各层次间的相互契合和匹配，关注组织内部运营能力和外部环境适应能力的提高。当然，组织层面的健康研究刚刚起步，是一个新兴的有价值的研究领域。

本章综述了品牌相关理论的国内外研究现状，从组织生态理论、品牌生态理论和组织健康 3 个方面进行了综述，重点阐述了品牌生态理论的研究背景、研究历程和理论发展，找出了研究的不足之处，为本书的研究工作指明了方向。

第3章 健康发展的品牌生态系统构成特征

3.1 品牌的生命现象

当麦当劳、可口可乐、米老鼠和法国红酒、意大利时装等不断地在全球攻城略地，当好莱坞大片、韩国电视剧、日本动漫不断地“抢占”我们的影院和客厅，越来越多的有识之士认识到强势品牌拥有的“品牌力”是推动产业、企业发展的终极力量。而这一切最终实现的微观基础就是要培育经久不衰的强势品牌产品、强势品牌企业，甚至实施强势品牌战略。

事实上，我们在日常有关品牌的语言中也常常听到或看到“某某品牌被盘活……”“某某品牌是‘百年老字号’……”等表述。由此可见，在网络经济发达的今天，品牌已经远远超出了它古老的含义，有了更丰富的内容。从消费者的角度看，品牌是一系列可靠的承诺，著名品牌意味着更高的品质和更可靠的承诺。从企业的角度看，品牌是在消费者心目中所占有的独特位置的所有印象的总和，它以可感知的情感和实用利益为基础。品牌之所以有名，之所以能够源远流长，就在于它能够比竞争对手向消费者提供更多的情感价值和实用利益，因而在消费者心目中更有分量。忽略这种建立在品质和情感基础上的品牌契约关系，品牌产品或品牌企业将会受到市场的无情惩罚。

从品牌的构成来看，品牌作为一个生命体也具备了一些生物学意义上的生理功能结构系统，如中枢系统、循环系统、神经系统、消化系统以及免疫系统等。一般认为，品牌与资源（包括物流、资金流、信息流、知识流、时间和空间等）相互作用完成循环系统。

从品牌个体的行为来看，品牌生命体行为一般包括进化、遗传、变异、退化、竞争、适应、学习等生命活动；从品牌生命周期来看，一般品牌生命体的生命周期包括初生、成长、成熟、衰退、蜕变或死亡。当然，有些品牌经过不断地蜕变会成为长寿品牌。从一般品牌的生命体新陈代谢过程来看，品牌的生命体在品牌的生命周期内与品牌各种复杂的物理网络、管理网络、文化网络和关系网络交织而成的超维人文空间相互作用共同完成品牌的生命旅程。

3.2 品牌高质量发展与其绿色发展本质的关系

品牌的核心价值或基本特性被称为品牌本质。特性是构成品牌本质的基础部分。将品牌视为一个生命体，品牌就具有了生命本质。品牌与生命体一样，是一个复杂、开放的系统。品牌也有类似于生命体的基因、细胞、器官等各层次的结构，它也像其他生命一样有自己的生命运动轨迹，经历从初始到死亡的过程。品牌要生存就要具有适应性，即根据环境的变化及时调整自身行为。

3.2.1 品牌的创新性

自然界在发展到山穷水尽时会千方百计地寻觅摆脱困境的途径，尽管屡遭挫败，但总会在偶然间找到幸存的良策。每当这时，自然就会将方法“记录”并“保存”下来。通过自然选择，生物在器官的 DNA 中注入生存的代码，更复杂的物种则将其记录在个体的记忆或文化中，如此一来，优秀的特征得以保存，代代相传。

自然界中存在两种创新形式——突破性创新和持续改进，通过其自身系统来工作。例如，细胞采用两种方式繁殖，有丝分裂突然间产生间断，成熟分裂则产生新种类。物种甚至也可以通过自然选择适应和突然转化来进化。进化学中的成长期逐渐的演化辅以突然转化、分化这个过程称为间断均衡。这两种创新在产品生产中可以概括为：第一条，突破性创新，创造可以不断复制的产品样板；第二条，持续改进，调整产品的设计与当地环境相适应。在品牌竞争中也是如此，两种创新的方法是互相影响的。突破性创新带来了新的协作，这种协作带来了超越以往的、新的、更强大的能力。持续改进则使这些能力趋于完美，创造不同的部分，组成新的、有突破性的整体。

英特尔研制了存储器。1965 年，日本半导体企业的产品以低廉的价格进入美国市场后，使得英特尔连续 6 个月严重亏损。最后，英特尔果断放弃了存储器，开发研制信息技术的大脑部件——芯片。这种突破性创新使英特尔不断创造辉煌并把握着信息技术的前沿脉搏，以至于目前，它仍占据 80% 的芯片市场份额。这就是市场环境的变化促使品牌分化、产生出更有市场竞争力的、新的产品及品牌的典型案例。

3.2.2 品牌的多样性特征

1958 年，生态学家阿什比对基因组合生物适应性进行了研究并提出了必要多样性定律，即“一个系统的生存能力有赖于它是否具备在自己的边界范围内产生足够多的物种以应对环境的各种破坏威胁”。多样性提高了可持续性，这是因为多样性意味着多种选择机会。一个生态系统中，生物多样性越丰富，那么应对挑战的资源类型就会越多，应对挑战的胜算也就越大。

生态学中，生物的多样性发展带来了更多的选择机会，而选择机会的增多使生物系统的弹性增大、可持续性增强。增加的每一个物种的形态结构都具有在一个独特领域胜出的特征，即比别的物种更高效率或有效地实现自己的功能。同样地，在品牌这个系统成长过程中，附属产品的多样性发展使品牌有更多的工具和能力可供选择——这正是品牌向高效率和高效能发展、提高投入产出的必备条件，也是延长品牌寿命的必备条件。所以，现代众多企业的品牌大多采用品牌延伸或品牌移植策略来增强品牌在市场上的竞争能力。

传统的品牌理论强调品牌是产品的识别标志。个别品牌策略理论更是强调：由于产品质量、用途、属性、形象存在差别，因此，一个品牌只能代表一种产品。按照这种思路发展起来的战略管理模式也强调品牌、产品、允诺三者的对等关系：一个品牌＝一个产品＝一种允诺。这种对等关系使得：随着产品生命周期的变迁，品牌生命周期也随之变迁；随着产品的导入、成长、成熟和衰退，品牌也不可避免地经历成长、成熟和衰退的过程。对产品寿命周期研究显示：产品、产品形式与产品种类的寿命均为有限，因此，依附于产品而存在的品牌也会随着产品的消亡而消亡，任何品牌的寿命都不可能长期延续。另一方面，现代产品的生命周期变得越来越短，在家用电器和高科技产品领域（如计算机和照相机等产品），这种情况尤为突出。表3-1所示为20世纪50年代以来几种产品的生命周期变化情况。由阿比什定律来看，任何系统的生存都取决于该系统适应挑战的能力。如果挑战的数量超过了该系统能产生的多样性，那么，系统在这些挑战来临时就无法继续生存。从表3-1中可以看出，如果品牌依附于单一产品的话，在市场中很难长久生存。

表3-1　20世纪50年代以来几种产品的生命周期

产品名称	五六十年代	七八十年代	九十年代
打字机	10～15年	3～5年	1～2年
办公计算机	10～15年	3～5年	2～3年
台式计算机	10～15年	1～3年	1年
电视机	5～10年	3～5年	2～3年
立体声音响	5年	2～3年	1～2年
照相机	10年	3～5年	2～3年

我们通常把施乐看成复印机品牌，实际施乐也涉足了其他我们在办公室可以看到的产品的领域。它设计了所有现代便携计算机的原型 Alto，还有后来被应用于 WordStar 和微软 Word 系统的字处理器 Bravo，它还开发了电子邮件，有效地开发了 Windows 的 GUI。它还开发了以太网，使个人计算机能够连接高速互联网，推广了国际互联网，为 3Com 和思科系统创造了数十亿美元的价值。也许历史上没有一个公司能够像施乐一样开发了这么多有价值的产品。然而，以上这些产品均没有附上施乐的名字。当时，施乐在复印机领域遥遥领先，因此不想涉足这些领域。但是，当施乐坚持不懈地提高复印机的效率、质量和性能时，却无法在创新上取得突破。结果，施乐在鼎盛时期错过了机会、在经济衰退时无法将发明转换为资本。史蒂夫·乔布斯曾这样评价："施乐在今天本应拥有整个计算机工业（的市场），但它没有抓住机会。施乐的复印机市场一片大好，12 年间收入攀升了 10 倍。此时，施乐没有一个组织的激励机制，也没有类似的系统来突破创新、步入新领域。所以，坐失良机，失去了计算机（市场）的江山。"也就是说，新产品的推出并未为施乐品牌注入生命力。

史蒂夫·乔布斯没有说的是，苹果其实也本应拥有整个计算机工业（的市场）。20 世纪 80 年代，当时的微软在市场上还无足轻重，而苹果拒绝对其操作系统颁发许可证。这刺激了它的短期利润，1991 年达到顶峰，但最终却是市场份额缩至 5%。正如施乐死守高额利润的复印机市场而放弃了新的领域的投资一样，苹果也是局限于计算机硬件而放弃了使用操作系统来扩大规模的机会，从而错过了大好发展的机会。

施乐和苹果是活生生的教科书，它们没有通过品牌产品种群的多样性进化为品牌注入生命力，最终没能从中获利。它们为其他物种构造了一个可以繁衍生息的生态系统，而最终自己却无处容身。

当然，长期来讲，多样性进化是品牌系统的根本特征，但短期内系统可能会受到冲击，尤其是在这些多样性因素只是在同一领域产生还没来得及融合并形成新的整体以前。

品牌是有生命周期的，如何维护品牌使之长盛不衰是品牌管理的终极目的。在一个品牌生态系统发展到成熟期时及时推出该品牌产品的换代产品或全新产品，把品牌效用及时移植到新产品上，让源源不断的新产品来支撑品牌生态系统的再发展。很多品牌，不但没有随着产品的更新换代而消亡，相反在市场竞争中青春常在。

以我国老字号为例，品牌附属产品的多样性也是延长品牌寿命的重要手段。同样是剪刀，"王麻子"与"十八子"等一些新品牌相比，在产品款式、科技含量上都已经落后。阳江的"十八子"虽然不具备"王麻子""张小泉"等老字号品牌蕴含的深厚历史文化，但十几年来，"十八子"从求变、求新的角度出发，填补了国内制刀史上的 10 多项空白，累计获得 60 多项专利，大大提高了"十八子"的品牌竞争力。再如，一向以秘制蚝油、虾酱著称的"李锦记"，历经了 110 多年的风吹雨打，却并未被现代市场的大潮淹没，相反，越发老当益壮，原因就在于"李锦记"不断推出新的换代产品以适应市场。在凭借旧装特级蚝油和虾酱两种产品打天下的同时，"李锦记"适时推出 XO 酱、辣椒酱、鸡粉、瑶柱蚝油等酱料及豉油鸡汁、卤水汁等一系列方便酱产品，产品的多样化使"李锦记"品牌在市场上站稳了脚跟。

日本的三菱重工业公司拥有 5 个机械厂，机械产品多达 73 种，小至收音机、大至核电站成套设备，有"机械产品的百货商店"之称。

可口可乐，作为专门立足于饮料行业的代表，消费者现在可以选择的可口可乐系列产品包括"可口可乐""健怡可口可乐""不含咖啡因的可口可乐""樱桃可口可乐"等。这些产品的推出极大地丰富了消费者的选择对象，为可口可乐品牌注入了新的活力，提高了品牌竞争力。

3.2.3 品牌的遗传特性

在自然界不仅存在着种群的特异现象，也存在种群特异寿命。每一种群的寿命几乎是固定的，也就是说，寿命是由遗传物质（即所谓的基因）决定的。每个物种的遗传基因的不同，决定了每个种群寿命的不同。

生命与生命在出生时的差异主要是从母体获取的营养及免疫能力；品牌与品牌的差异则是最初涉及的行业和拥有资源的不同的区别。无论是生物的生命形式，还是品牌的生命形式，诞生和生命早期的时间及环境都会对其以后的发展和寿命周期产生明显的影响。品牌寿命与其进入的行业有很大关系，下面，我们以我国的行业为例来阐述这个问题。

① 有关国家安危、国计民生的行业，如大型水电站、铁路、输变电工程、军工等。由于不存在破产的可能性，因此，此类行业的品牌寿命可看成是无限长的，几乎不存在死亡的可能。

② 垄断行业，如石油、石化、天然气、稀有金属等资源性企业。这些行业除了资源枯竭需要转移外，没有市场的风险，此类行业的品牌寿命也可看成是无限长的。

③ 公用事业，如公共交通、大型医院、邮政、供气、供水、供电、通信等。这些行业是人民须臾不可缺少的，虽然这些行业也存在多种品牌的共生，因此，可以说这些行业的品牌寿命相对较长。

④ 资本密集型行业，如特大型的钢铁厂、汽车厂、铝厂、水泥厂、煤矿、火力发电站、造船厂、重型机电厂等。对于这类行业来说，国家有必要重点扶持，其品牌寿命周期相对较长。

⑤ 信息行业。信息行业是我国的新兴行业，由国有企业垄断的通信产业的网络遍及全国各地，现正获得高额利润，品牌的生命周期也比较长。

⑥ 加工性和服务性行业。这类行业产品品种繁多，市场弹性大，产品更迭频繁，品牌死亡率比较高。

3.2.4 品牌适者生存原理

物竞天择、适者生存是生物界的基本规律。生物体只有适应新的环境、驾驭新的环境、利用新的环境，才可以生存，才可以发展；而那些不适应新环境的，终将会被环境淘汰。

生态学中，生物对环境的适应是生物对环境及其变化产生反应的本能，也是生物生存和进化的基本途径。适应是指个体对所处环境及其变化在行为上做出调整和改进，以求得最好的生存和发展。生物个体对环境的影响呈现最低、最适和最高 3 种情况。生物体在其生活的环境中经常遭遇多种限制发育乃至生存的胁迫。地球上的大部分地区，如干旱区、盐土区、高山区等，即使有非常适宜生物生长的条件，也是短暂的。可以说，最适条件十分少见和短暂。因此，生物的生存常常取决于在环境胁迫下的恢复能力。同样，品牌的生存更是如此。品牌本身处在一个开放性的自然系统、社会系统、经济系统中，自始至终都与外部环境密切联系并与环境相互作用，这些环境包括政策环境、产业环境、金融环境、市场环境、技术环境、消费环境等。它们对品牌的成长是刚性约束的，对品牌的生存与发展产生胁迫效应，只有适应环境、策略得当、资源配置充分的品牌才能生存下去。否则，不仅会把以前企业培育和维系品牌投入的大量人力、物力、财力等资源消耗殆尽，更严重的会危及整个品牌乃至整个企业的生存。

任何影响品牌的环境要素的变化，特别是不利的变动，将会对品牌的成长产生胁迫效应。外部环境对品牌造成的胁迫主要包括消费者的消费心理、习惯、模式的改变，以及竞争对手品牌战略与策略的调整、分销商经营策略和模式的调整、自有品牌对企业品牌的挑战、市场秩序混乱（如恶性竞争、假冒、仿冒现象的出现等）、社会舆论的不利报道、宏观环境（包括政治、经济、社会、技术、自然环境）的波动与其他突发性事件等。因此，企业应该密切注意外部环境的变化，一旦发现情况紧急就应该立即采取行动，以规避、降解环境波动带来的不利影响。这就要求品牌必须具有应对环境变化的能力和识别有利于品牌成长的环境机会，通过及时调整自身来适应环境的变化，不断向更好地适应环境的方向发展变化。

客观地说，著名品牌大都遭遇过这种品牌环境的胁迫。远到 1977 年雀巢公司因向发展中国家不正确地销售奶粉导致婴儿营养不良而引起人们的广泛抵抗，1982 年强生公司的止痛胶囊被氰化物污染导致 7 名患者中毒死亡事件等；近至 1994 年国内知名品牌“绿丹兰”由于受到假冒伪劣产品的不良影响而濒临绝境，1999 年可口可乐的比利时事件等。

然而，不同生物对特定胁迫要素的反应有所不同。即便是同种生物，个体对特定胁迫要素的反应也会因年龄、适应程度、季节甚至每日活动而有很大变化。虽然胁迫要素强度与引发的反应之间存在很大的相关性，但仍不能由此假定生物所受伤害程度与胁迫要素强度成比例。

环境对生物体的胁迫作用在于：整个胁迫生物体相应的反应过程可以

被概括为压力增加、导致原有功能不稳定、生命体积极调整以响应胁迫、使功能正常化并增加抗性。否则，随着胁迫压力的继续增加，超过耐性极限或超过适应能力负荷，就会造成永久性损伤，直至死亡。具体来看，随着环境胁迫的加强或持续时间的延长，处于胁迫下的有机体将经历以下几个演变阶段。

① 预警阶段。进行生命活动的结构及其功能先不稳定，紧接着发生失调，在防御机制起作用之前，过快和过强的胁迫往往引起生物体整体性的迅速破坏。

② 抗性阶段。在连续胁迫下，生物抗性增加。一段时间后，尽管胁迫仍在继续，但因修复而使生物稳定性改善，生命活动正常化。在胁迫终止后，抗性增高仍能维持一段时间。

③ 耗尽阶段。如果胁迫状态持续太长或胁迫要素强度继续增加，生物体就会达到耗尽生命的最后阶段。这时，生物防御系统损伤，易受寄生菌侵害并导致永久性破坏。当然，如果损伤仅是暂时的，则生物功能状态仍能恢复到原来水平。

④ 再生阶段。如果有可能，还会有再生阶段，在适合的情况下，胁迫引发的损伤可以修复。

例如，诺基亚与爱立信，不同反应不同结局。

预警阶段——飞利浦公司火灾，核心部件供应断档。2000年3月，飞利浦公司旗下一个晶片工厂发生了一场火灾，破坏了正在准备生产的数万个芯片，同时需要相当长时间来恢复正常生产水平。这场持续了10分钟的火灾却改变了两家欧洲最大的电子品牌的实力平衡，虽然它们都是活跃在全球电子行业的大玩家——芬兰的诺基亚和瑞典的爱立信，该晶片工厂的产品是它们在全球出售的移动电话中的核心部件，突然间，这一核心部件的供应断档了。更令人意想不到的是，火灾成全了诺基亚、害苦了爱立信。

抗性阶段。①诺基亚积极应对，重新设计芯片，制订提高产量的计划并要求其他的供应商提高供应量。不断质询飞利浦公司，了解飞利浦公司的供应能力，不断向飞利浦公司表明芯片供应对诺基亚的重要性。要求飞利浦公司发掘潜力或改变生产计划，尽可能地减轻火灾造成的供应量减少。设计专门的快速生产计划，以便火灾后飞利浦公司能快速地生产芯片。②爱立信，反应迟缓，错失良机。瑞典最大的品牌、年收入超过290亿美元的爱立信的反应要迟缓得多，它对问题的发生显然准备不足。爱立信几乎是和诺基亚同时收到火灾信息的，但爱立信投资关系部门的经理说：对当时的爱立信而言，火灾就是火灾，没有人想到会带来那么大的危害，甚至直到2000年4月初还没有发现问题的严重性。爱立信只有飞利浦一家供应商能够提供这种无线电射频芯片，没有其他公司生产可替代的芯片。在市场需求最为旺盛的时候，爱立信由于短缺数百万个芯片，一种非常重要的新型手机没法推出，眼睁睁地失去了市场。

由于不同的抗性阶段，导致了两种不同的结果。

耗尽阶段。2000年7月，爱立信第一次公布火灾带来的损失时，股价在几小时之内便跌去14%。此后，爱立信的股价继续随同全球电信类企业股票下跌不止。据爱立信的一位员工透露，火灾可能导致爱立信减少了4亿美元的销售额，虽然火灾保险使其略获补偿。火灾及其他零部件和设计方面等问题的后遗症在2001年1月达到了高潮，爱立信宣布退出移动电话生产市场。由于反应的差异，诺基亚在供应环境出现胁迫时，占据了主动权，使飞利浦公司在火灾恢复后优先保证了诺基亚的芯片供应，而且通过采购其他供应商提供的芯片，受这场火灾的影响明显要比爱立信小得多。

3.2.5 品牌的新陈代谢过程

品牌的成长要通过连续的物流、资金流、信息流、知识流、所有权流、促销流等来维持其的新陈代谢。一方面，品牌需要从外部环境中摄取相应的物质、能量和信息，在此基础上对这些要素进行相应的处理，发挥品牌的增值能力，形成品牌企业重要的无形资产以满足其自身生存和发展的需要，即同化过程；另一方面，品牌附属在品牌产品或者服务上，作为重要的附加价值以满足社会和顾客借此识别认同产品的需要，即品牌的异化过程。

3.3 品牌生态系统利益相关方构成

犹如生物个体具有的基本特征一样，品牌也有生命周期、遗传、变异等类生物学特性，品牌之间也存在着竞争与共生的类生物学现象。如同食物链、食物网一样，在产业价值链上，不同的品牌利用不同的市场定位、利用资源谱中的不同区间，对生产与消费空间进行分割、嵌入与占领，形成一个分层的、具有整体功能的品牌生态系统。

① 品牌是指企业或组织拥有的具有生命周期的商品、服务等的标志性无形资产，其表象为注册商业标记，其内涵为品牌拥有企业或其承载的产品属性。品牌具有下列特点：品牌具有寿命及活力；品牌是特定的形象，是标志性无形资产；品牌的内涵是极其丰富的，它包含了表象以下的本质属性。品牌含义已经超越了商品或企业标志的范畴而上升为具有寿命和活力的、拥有特种形象的标志性商业资产。

② 品牌生态系统是由品牌群落及其支持性环境复合而成的商业生态系统。品牌生态系统是一个时空概念，是由多要素、多变量构成的复杂系统，而且不同变量及其不同的组合又构成了很多亚系统。从系统的基本成分、结构和行为出发，我们勾勒出一个基本的品牌生态系统概念模型，如图3-1所示。

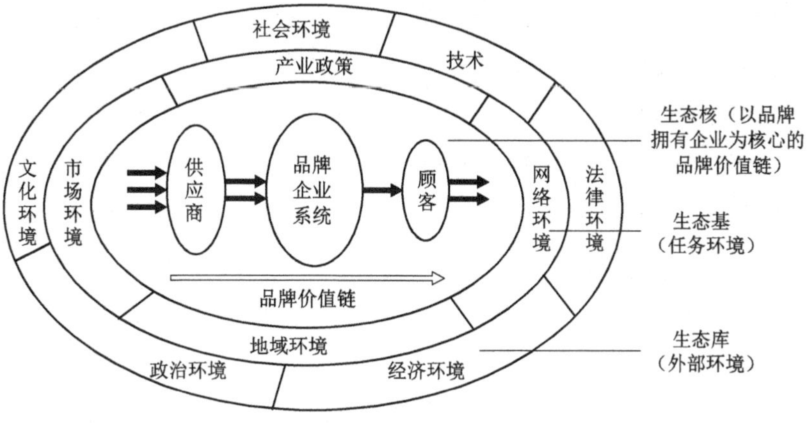

图3-1 品牌生态系统

基于以上分析，本书构建的这个复合系统是由生态核、生态基和生态库 3 个层次组成。品牌附属的全部产品、同行业内各个品牌、行业间各个品牌与其所处的诸如政治、经济、法律、文化、技术、自然等环境构成品牌生态系统。

生态核是以品牌企业为核心的，它是由供应商、分销商、外包公司、顾客和许许多多的其他相关组织构成的价值链。生态基和生态库分别是由品牌经营活动所处的任务环境和外部宏观环境组成。生态基和生态库之间存在功能流关系，生态核与生态基之间亦存在调控关系。由此可见，品牌复合生态系统具有客观性、空间性、动态性、复杂性的特征；同时，任何生态系统都有流的存在。按照霍兰对复杂适应性系统中流的定义，流是节点通过连接者进行的资源流动，随着时间的流逝和经验的积累，流及其网络会反映出变异适应性，亦即带有有益标识的主体会扩大，而带有不良标识的主体会停止生存。在品牌生态系统中流的存在主要有 3 种形式。①品牌信息流。按照品牌的一般定义，品牌本身就是一个信息综合体，包括了图形、文字、感受、想象、体验等一系列个性化的描述。在产业集群中，品牌信息的广播与传递无时不有、无处不在。②品牌物种流。集群中的品牌个体不是一成不变的，可能增加、迁移或消亡，这是一个正常的生命过程。③品牌价值流。无论集群品牌还是品牌个体，在整个生命周期内，品牌价值都会发生一定的变动。当品牌的知名度、美誉度和忠诚度上升时，品牌价值增加；当品牌的知名度、美誉度和忠诚度下降时，品牌价值减少。

地区的自然资源、文化、公共基础设施与服务及基于其上的技术创新系统、制度创新系统、社会网络等构成了品牌生态系统中的生态环境部分。随着互联网、交通、通信等方面的科学技术的发展，自然资源不均衡对品牌发展的制约性作用日渐微弱，而法律、制度、文化、科技、创新思想等软性系统的支持作用越来越突出，所以，一个良好的品牌生态环境应为品牌生产系统提供所必需的制度保障。

品牌生态系统的观点：①企业品牌或企业旗下的产品品牌是具有生命意义的个体，它能够相对脱离创建者而表现独立的生命轨迹；②品牌集群是由不同的产品市场组成的，争夺同一市场的品牌，由于生态位相似构成一个品牌种群；③不同的品牌种群又通过产业价值链的连接构成品牌群落；④品牌群落和其支持性环境构成一个品牌生态系统；⑤若考虑全球价值链的影响和作用，则可以构成一个更大的品牌生态系统。这个系统是一个开放的、与社会有着全方位资源交换的且不断在做内部调整的动态系统。

3.4 品牌生态系统分类

3.4.1 个体品牌生态系统

个体品牌的活力取决于品牌拥有企业系统的状态、资源状况和外部环境的适应性，依赖于整体品牌生态系统。在个体品牌生态系统中，品牌及品牌拥有企业构成其内部系统，是品牌生态系统活力的动力源；供应商及环境构成品牌供应子系统；中间商、客户群及外部环境构成品牌的市场子系统。即动力源是系统的生态基，产业环境、市场环境和网络环境是任务环境，政治、经济和社会环境是宏观环境。系统内成员之间的连接关系主要为业务关系、信息传递关系及公共关系，各成员依托品牌资产相互依存、共同发展。

3.4.2 区域品牌生态系统

许多品牌在同一市场中形成错综复杂的品牌生态系统结构，品牌间既相互竞争又相互依存。各种因素作用于不同品牌而对品牌发展产生了不同的影响，同时形成了不同的市场生态系统状况。一般来说，区域市场中，居于领导地位的品牌占据最大的市场份额，对区域市场的竞争结构起到决定性作用；处于次要地位的品牌以其品牌实力及品牌个性占据较大的市场份额；大量中小品牌则根据自己的资源状况采取缝隙型生存方式。不同品牌依据产业链节点位置的不同，形成不同的协作关系及互补联盟，构成错综复杂的商业生态系统结构。品牌生态系统的健康与否决定系统内的品牌是否能良性发展。

3.5 品牌生态系统绿色高质量发展的特征

随着产业分工的日益深化，企业越来越专注于具有竞争优势的某一环节，品牌差异化、品牌聚焦化使得生态系统中的品牌种群分离日渐明显，特别是供应链网络，几乎每个环节都有大量品牌存在。因此，我们从空间和数量两个方面阐述品牌生态系统的特征。

3.5.1 群体特征

品牌生态系统作为一种独特的社会组织系统，是具有生命体特征的。品牌群落是指在特定的地域空间，由各种不同性质的品牌企业或品牌产品组成，彼此之间相互影响、相互作用，具有一定的结构（物质流通网络、价值流通网络、信息流通网络）和功能（满足消费者的某种需求）的企业集合体。品牌生态系统是品牌群落和其支撑环境的集合体，是具有结构性的集合单元。在组成、空间结构与演化等方面都具有一些比种群水平更高层次的群体特征。

① 空间结构。空间结构是品牌生态系统的组织形态。不同的产业集群和同一产业集群在不同的发展阶段，品牌生态系统的空间结构差异很大。以产业价值链为轴，根据品牌分布形式可以归纳出3种基本空间结构：串联、并联和复合式。

串联结构对应的品牌生态系统产业链比较长，而且每个环节只有一个品牌，如果任一环节出现问题，则整个结构会被破坏。因此，这种品牌生态系统的维系需要成员间有很强的认同感。

并联结构中的品牌高度集中在价值链的某一环节，品牌生态位部分或完全重叠，当资源短缺进而竞争加剧时，或者通过种群分化产生特化型品牌子种群维持原状，或者向另外两种结构形式之一演化。

复合式结构的可靠性最高，是品牌层次化、多样化的表现，有较高的抵御市场风险的能力。

品牌生态系统结构的形成与演化受制于多种因素，本书仅对产业特征、区域文化、竞争、空间异质性、干扰等几个要素加以分析和研究。

② 产业特征。产业特征直接决定产业内企业间的生产与组织方式、价值流动方式，进而影响品牌的生长和发育过程。因此，产业特征是一个较强的限制性要素。如汽车产业对资金技术要求较高，有较严格的市场准入制度，它们的品牌生态系统一般表现为并联式结构；而劳动密集型的皮具产业，进入门槛较低，从原材料、辅助材料到皮具加工都有众多的品牌，就有利于形成复合式的品牌生态系统。

③ 区域文化。区域文化和企业家精神是品牌的软生环境。品牌建设作为一项长远的持续性战略投资，企业家的眼光直接影响品牌的命运，而企业家战略的形成与识别又是根植于地方文化之中的，犹如影响一个地区生物分布的气候特征，区域文化对品牌生态系统的空间结构的影响也是相当深远的，这就解释了为什么同一个产业不同国家或地区的集群其品牌生态系统结构差别很大。如佛山的陶瓷产业集群的品牌生态系统结构表现为并联式，而潮州的陶瓷产业集群的品牌生态系统则表现为复合式。

④ 竞争。集群内企业面对面的激烈竞争，不断影响和改变着企业的经营理念，品牌生态位也在不断地调整、分离与置换，使得品牌生态系统的空间结构由链到网、由网到网呈现动态的非连续性的变化。可以说，竞争是品牌生态系统演化的最大动力来源。

⑤ 消费空间的异质性。产品是为了满足消费者的效用，不同的消费者有不同的消费偏好，我们可以这样假设，消费的异质性越高，则品牌层次就越丰富，品牌生态系统结构也就越复杂。迈克尔·波特在其著名的国家竞争优势钻石模型中曾提出需求条件是4个架构因素之一，有经验、会挑剔的购买者能够促进厂商不断创新、提高企业竞争力。同样，这些先进性的消费者代表能够增加消费空间的异质性，推动品牌空间结构的演化。

⑥ 外部力量的干扰。无论内源型还是外源型产业集群，实力雄厚的跨国公司携带其优势品牌迁入或迁出一个产业集群时，都会对本地的品牌生态系统结构产生重大影响，一些品牌会淡化以至消失，一些品牌也会在结构性恢复中被强化。

3.5.2 数量特征

① 品牌相对多度。各品牌种群的相对多度大小表明了其相对优势度，较大者将占据产业价值链的主导地位，成为优势品牌种。

$$D_i = N_i / N \tag{3-1}$$

公式（3-1）中，D_i 为第 i 品牌种群的相对多度，N_i 为第 i 品牌种群的品牌数量，N 为品牌系统的品牌数量之和。

② 品牌密度。品牌密度是生态系统内的品牌数量与同行业的品牌数量之比。它从总量的角度反映了该种群的品牌建设状况。一般来说，产品差异度越高，则市场拉动下的品牌密度也越高。

$$R_i = n_i \Big/ \sum_{i=1}^{n} n_i \tag{3-2}$$

③ 品牌集中度。种群的品牌集中度是种群内 n 个最知名品牌的市场份额之和。为了便于统计分析，避免数据重叠，应只计算本地产出的市场份额。通过大量案例分析，我们发现国内外大多数产业生态系统的品牌发展历史有相似之处，就是沿着从无到有、从分散到集中的路径演化的。品牌集中度反映了带动性品牌的资源整合能力。产业集群价值链上的利润分配并非均匀，品牌是企业的无形资产，品牌在消费者中的知名度和消费者对品牌的忠诚度可以减少产品的市场需求弹性、抬高企业进入壁垒，于是，一部分企业的利润必然相对较高、市场份额较大。如果品牌集中度过低，在技术与管理创新方面，种群将缺少带动性的知名品牌，不利于种群整体竞争力的提高。

$$H = \sum_{i=1}^{n} S_i \tag{3-3}$$

公式（3-3）中，S_i 是第 i 个知名品牌的市场份额。

④ 品牌链长度。品牌链长度是产业集群中品牌种群的个数多少，它反映了产业价值链上品牌的分布情况。产业链越长，分工越细，则品牌链越长。通过比较同一产业不同国家或地区的集群品牌链长度就可以了解各产业集群水平结构的基本情况。

⑤ 品牌群强度。品牌群落中各品牌的价值量是不同的，品牌价值的衡量属于无形资产的评估与定价问题，目前尚无公认的衡量标准，因此，为了便于分析和研究，本书根据品牌所获荣誉将其分为 5 个等级。国际知名品牌（i=1），进入世界品牌排行榜 TOP100 的中国著名品牌或国家驰名商标（i=2），省级著名品牌（i=3），地市级著名品牌（i =4），产品商标（i=5）。品牌等级不同，其权数相差很大，为此，通过调查问卷的方式，利用判断矩阵法，构造权重比矩阵并判断矩阵的相容性，最后计算出各层次品牌的权数值。

$$Q=\sum_{i-1}^{N} M_i W_i \qquad (3-4)$$

公式（3-4）中，M_i 是第 i 个品牌等级的品牌数量，W_i 为第 i 个品牌等级的权数。

3.6 品牌绿色高质量发展的利益相关方空间关系

生态环境与品牌间存在着相互推动与制约的强利益相关方，其互动性在相同的表面特征下却存在着不同的根本特征，品牌发展与其生态环境的关系有着强烈的自觉目的性。品牌生态位就是研究品牌之间和品牌与环境之间的相互作用，以使品牌达到可持续发展的目的。不同品牌具有自己独特的“生态位”。品牌生态位理论很好地解决了动态环境下的品牌竞争，同时指出品牌不应仅仅适应环境，还应该创造和调整生态位资源，从而找到自己的生态对策。

有关品牌生态位的概念，目前尚无统一的表述。国外对此理论的研究也比较狭窄。我们认为，与生物物种类似，品牌也处在由自然、经济、社会、文化等因素构成的生态环境里，生态位的基本原理同样适用于品牌，但品牌具有更强的思维性和主动选择能力。参照生态学中生态位的定义，可以将品牌生态位理解为：在品牌生态系统中，一个品牌单位（包括个体、种群或物种）对资源的利用和对环境适应性的总和，是其在市场上所处的位置及与其他品牌间的功能关系。因此，品牌生态位是指品牌在特定时期、特定生态环境里能动地与环境及其他品牌相互作用过程中形成的相对地位与功能作用。它既反映品牌在特定时期、特定环境中的生存位置，也反映品牌在该环境中的自然资源、社会资源、经济资源等品牌生态要素形成的梯度上的位置，还反映品牌在品牌生存空间中的物质、资金、人力、技术和信息流动过程中扮演的角色。

每一个品牌种都占有自己的生态位，也就是在品牌生态空间的变化范围内，品牌都实际或潜在占据、利用着自己最适宜的那部分资源。

根据 Hutchinson 的生态位概念，一个品牌种对 n 维资源利用范围组成了该空间的 n 维超体积，成为该品牌的 n 维生态位。其数学描述为：假设品牌种消耗的资源以某种参数向量 z 表示其特性，具有特性 z 的资源消费允许的数量由某个函数 k（z）来确定，函数 k（z）中的 z 值的集称为资源谱。显然，适当增加向量 z 的维数时，以品牌生存的条件给生态位定义。但是，为使模型定性分析明了和简便，如图 3-2 所示，设定资源谱是一维的，而且图 3-2 中 $f_i(z)$ 为形状相同的正态分布密度曲线，沿着资源谱均值之间以距离 d 分离，w 为均方差。当有若干为争夺生态空间而进行竞争的品牌种群构成的群落时，自然认为适合不同种群的 z_0 点彼此之间有一定的距离。在这种情况下，品牌种生态位镶嵌造成的竞争现象在所用模型范围内，对于生态空间里相应的利用函数 $f_i(z)$ 也产生定义域相交的现象，以显示品牌适宜的生态空间与相邻品牌生态空间的差异。d 表示平均分离度，w 表示变异度。当 d/w 充分大时，表示各品牌种生态位充分分离，各品牌占据的生态位狭小，生态位重叠小，品牌之

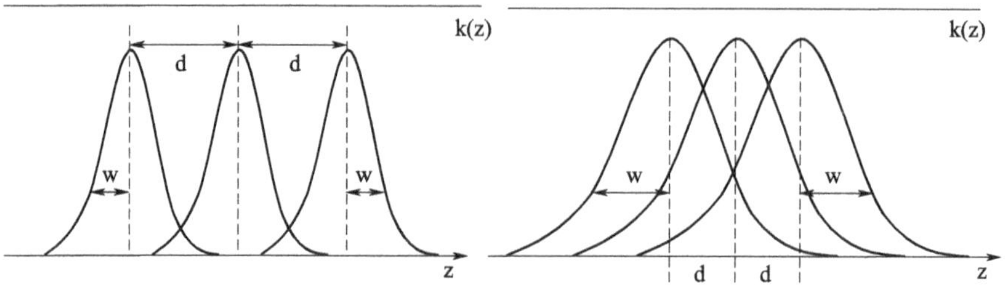

图 3-2　两个品牌共存的市场资源利用曲线
（ d 为曲线峰值间的距离；w 为曲线的标准差）

间的竞争较弱；当 d/w 充分小时，表示各品牌种生态位高度重叠，品牌种之间竞争加剧。

品牌生态位表明了品牌在特定的时间和空间下品牌与产品、品牌与企业、品牌与环境，以及品牌与生存要素的关系总和，其中的品牌生存要素包括品牌企业生存条件（资源获得和利用等）和生存能力（技术进步、市场营销、盈利、提供产品与服务等能力）。品牌与品牌之间的关系如表 3-2 所示。将品牌资源、生存能力、环境、市场空间、时间变量的选择范围构成的具有某种结构关系的集合视为品牌生态位结构模型。由于资源、生存能力、环境、市场空间、时间变量是多维的（多于三维）。因此，品牌生态位结构模型是超体积模型。通常而言，某个品牌对某一资源、生存能力、环境、市场空间、时间变量要素的适合性类似于自然生态位超体积模型。品牌对各个变量要素的适合度越高，则企业面临的生存压力就越小，就越有利于品牌的生存和发展。如果对资源、生存能力、环境、市场空间、时间变量要素梯度做图，就可以得到复杂的关系图形，类似于图 3-2 中的图形。显然，每增加一个变量要素的梯度，就增加一个纬度，故称变量要素梯度为生态位的维度。

表 3-2　品牌种群间关系

<table>
<tr><td colspan="4">0 表示企业间没有意义，相互间没有直接关系</td></tr>
<tr><td colspan="4">+表示对品牌生长存在或其他生态特征有益</td></tr>
<tr><td colspan="4">−表示对品牌生长存在或其他生态特征有害</td></tr>
<tr><td rowspan="2">相互作用类型</td><td colspan="2">品牌</td><td rowspan="2">相互关系</td></tr>
<tr><td>1</td><td>2</td></tr>
<tr><td>1. 中性作用</td><td>0</td><td>0</td><td>彼此没有直接影响</td></tr>
<tr><td>2. 竞争：之间直接冲突</td><td>−</td><td>−</td><td>品牌种群间利益直接冲突</td></tr>
<tr><td>3. 竞争：资源利用冲突</td><td>−</td><td>−</td><td>共同资源缺乏间接抑制</td></tr>
<tr><td>4. 偏害作用</td><td>0</td><td>−</td><td>通过影响环境而直接影响其他品牌种群</td></tr>
<tr><td>5. 寄生作用</td><td>+</td><td>+−</td><td>1 挂靠在 2 上，对 2 影响不确定</td></tr>
</table>

续表

0 表示企业间没有意义，相互间没有直接关系			
+表示对品牌生长存在或其他生态特征有益			
–表示对品牌生长存在或其他生态特征有害			
相互作用类型	品牌		相互关系
	1	2	
6. 兼并作用	+–	+–	影响结果不确定
7. 偏历作用	+	0	对 1 有益，对 2 无影响
8. 合作关系	+	+	相互都有利，但不是必然的
9. 互利关系	+	+	相互都有利且是必然的

品牌从产生到消亡的每时每刻都要有合适的生态位与之匹配，因此，品牌建设不仅要考虑当下的状态，还要关注品牌生态位过去发展的路径，以及未来某一时点的状态；同时，影响品牌生态位的各因素也有着各自不同的过去、现在和未来，有着清晰的时间连续的承启脉络，因此，也存在着动态的演化性，并且由此造就了不同阶段品牌生态位的动态性。关注品牌自身相对竞争力的变迁，关注接受品牌的市场环境的变迁，关注运作或承载品牌的企业组织的变迁，从而采取适宜的生态位策略，这对品牌的成长和发展至关重要。

每一个品牌都必须不断地对自己的已有生态位进行控制和优化，时刻做好应对竞争的准备。生态位控制包括拓展生态位和调整生态位。一个品牌成功的发展必须善于拓展生态位和调整生态位，以改造和适应时刻处于变化状态的生存环境。对于生态位，如果只开拓不适应，就会缺乏发展的稳度和柔度；若只适应不开拓，则会缺乏发展的速度和力度。品牌发展的初期需要生态位内的开拓与发展，这时的发展速度较快，呈指数式上升；最后，受生态容量或瓶颈的限制，发展速度放慢，接近某个阈值水平，呈现出 S 型增长。但是，品牌如果能够发挥自身的主观能动性，不断扩大自己的生态位容量，打破发展瓶颈，就可以进入新的 S 型增长阶段，但又会出现新的限制要素或发展瓶颈。品牌正是在这种不断逼近和扩展瓶颈的过程中波浪式前进，实现持续发展的。品牌在成长的过程中，对生态位的拓展速度要掌握得恰到好处，过快或过慢都可能使品牌在竞争中失败。

品牌确定自己的生态位有两种情况：一种是寻找原始生态位，另一种是避免生态位重叠。寻找原始生态位即寻找市场空白，应该是品牌的第一选择。但是，由于市场是开放的，在存在着极大超额垄断利润的情况下，很快就有其他品牌大举进入，因此，这些品牌之间就会形成生态位的严重重叠，它们之间的生存竞争也必然会日趋激烈。

一个成功的品牌还要善于对自己的生态位进行优化，也就是优化对生态资源的利用。品牌生态资源状况对品牌生态位具有决定意义。随着人类社会由工业社会迈向信息社会，生态资源概念的外延、内涵及品牌对生态资源的占有方式都在发生深刻的变化。在农业和工业经济时代，都以开发、利用物质资源为品牌竞争的主要特征，其产品也是物质的。而在今天的信息时代，知识将作为占主导地位的资源和生产要素而存在，品牌之间的竞争主要是在知识、技术及信息等方面的竞争。信息社会市场竞争的加剧和环境变化的加速，使得品牌无法单纯依靠自己的生态资源来满足市场的需要。虚拟生态位和生态资源的共享为品牌的发展拓展了生态空间。虚拟生态位就是发挥自身优势，对外部资源和力量进行有效整合，拓展自己的生态资源，达到降低成本、提高竞争力的目的。所以，品牌要善于利用和建立“虚拟生态位”，以丰富自己的生态资源，改善生存和竞争环境，从而占据有利的生态位。另外，巨大的全球市场及先进的远程通信技术也使得品牌生态资源的共享变得简单而便捷。

3.7 品牌生态系统健康性测度

品牌生态位理论为研究品牌与品牌种间的关系、品牌与生态环境的关系、品牌的生存状况等提供了有效的工具。但是，仅仅定性描述品牌生态位还是不够的，接下来，我们从定量的角度描述品牌生态位参数及参数计测方法，从而形成一整套品牌生态位理论体系。我们主要从以下几个方面展开研究：品牌生态位宽度参数、生态位重叠参数、生态位分离倾向与分离参数、生态位构建强度参数、生态位适宜度参数，不同的生态位参数用于不同的研究目的。

3.7.1 品牌生态位宽度

品牌生态位宽度是生态位的定量指标之一。E P.Smith 定义自然生态位宽度为“在生态空间中沿某些直线生态位的全部距离”。R J.Putman 和 S D.Wratten（1984）将生态位宽度定义为“有机体利用已知资源幅度的测度”。在上述定义中，品牌生态位宽度为品牌在生态空间中沿某资源维的全部距离，或者品牌利用资源幅度的测度。上述定义显然不够全面，前者缺少总和指标，后者仅仅考虑了资源利用。实际上，应该考虑沿所有可能的资源、生存能力、环境、市场空间、时间等所有变量要素维度的距离，即资源、生存能力、环境、市场空间、时间所有变量要素维度上的加权平均距离集合及综合加权平均距离。

设 L 为综合加权平均距离，B_N、B_L、B_E、B_M、B_T 分别为资源、生存能力、环境、市场空间、时间所有变量要素维度上的加权平均距离，则有：

$$L=W_N\times B_N\times W_L\times B_L+W_E\times B_E+W_M\times B_M+W_T\times B_T \quad (3-5)$$

公式（3-5）中，W_N、W_L、W_E、W_M、W_T 分别为权重。

3.7.2 品牌生态位重叠

在自然生态学中，生态位重叠表明两个种在生态上的相似性的量度，许多生态学家把两个种对一种资源的共同利用程度、在同一资源上相遇的频率，以及两个种在其与生态要素联系上的相似性称作生态位重叠。还有的学者也用生态位相似性比例来表示生态位重叠，最常用的生态位重叠的各种度量方法有 Schoener、Pianka、Levins 和 MacArthur 等提出的生态位重叠公式。

品牌生态位重叠是表明两个品牌在利用资源维的相似程度，不仅包括同一类型资源的利用，而且还包括生存能力、市场空间、时间上相似程度的度量。品牌在各个生态维度上的相似程度的度量定义为品牌生态位重叠度。品牌生态位重叠的本质是品牌与品牌种间的相似性，以及品牌在市场上直接利益冲突的频率和品牌与品牌之间的竞争的强度，当然也是品牌生态系统的理论基础。一般而言，如果两个同质品牌生态位重叠程度越高，说明两个品牌的相似程度越高，其直接利益冲突和竞争的强度越强；反之，亦然。在某个品牌群落中或某个区域，品牌与品牌的生态位重叠程度越小，说明它的品牌多样性越强。理想的品牌群落和区域产业结构，应当是品牌间的生态位重叠程度适当，既要保持一定的重叠，又要控制重叠的结构、范围和重叠的程度，即适当控制品牌多样，保持必要的竞争，使整体效率和经济效益均衡。所以，品牌生态位重叠参数包括平均重叠和结构重叠。设 D_Z、D 分别为 n 个品牌种间的生态位综合重叠值和总结构重叠矩阵，D_{ij} 为第 i 个和第 j 个品牌结构重叠矩阵，$D^N{}_{ij}$、$D^L{}_{ij}$、$D^M{}_{ij}$、$D^T{}_{ij}$ 为第 i 个和第 j 个品牌种间资源、生存能力、环境、市场空间、时间各个变量上的重叠矩阵，d_{kh} 为 k,h 维度上的重叠值，且当 $k \neq h$ 时，$d_{kh} = 0$，则有：

1　　2　　i　　n　　n个品牌

$$D = \begin{pmatrix} 0 & D_{12} & D_{1i} & D_{1n} \\ D_{21} & 0 & D_{2i} & D_{2n} \\ D_{i1} & D_{i2} & 0 & D_{in} \\ D_{n1} & D_{n2} & D_{ni} & 0 \end{pmatrix}_{n\times n}$$

$$D_{ij} = \begin{pmatrix} D_{ij}^N & D_{ij}^L & D_{ij}^M & D_{ij}^T \end{pmatrix}$$

1　　2　　3　　m　　m个维度

$$D_{ij}{}^N = \begin{pmatrix} D_{11}{}^N & 0 & 0 & 0 \\ 0 & D_{22}{}^N & 0 & 0 \\ 0 & 0 & D_{33}{}^N & 0 \\ 0 & 0 & 0 & D_{mm}{}^N \end{pmatrix}_{m\times m}$$

同理，可写出 D_{ij}^{L}、D_{ij}^{M}、D_{ij}^{T}，式中的 $D_{ij}=D_{ij}^{T}$。

$$D_Z=W_1\times\sum_{k=1}^{m}\sum_{h=1}^{m}P_{kh}{}^{N}\times d_{kh}{}^{N}+W_2\times\sum_{k=1}^{Q}\sum_{h=1}^{Q}P_{kh}{}^{L}\times d_{kh}{}^{L}+W_3\times\sum_{k=1}^{R}\sum_{h=1}^{R}P_{kh}{}^{M}\times d_{kh}{}^{M}+W_4\times\sum_{k=1}^{T}\sum_{h=1}^{T}P_{kh}{}^{T}\times d_{kh}{}^{T} \tag{3-6}$$

公式（3-6）中，W、P_{kh}^{N}、P_{kh}^{L}、P_{kh}^{M}、P_{kh}^{T} 分别为变量间的权重和维度间的权重。

3.7.3　品牌生态位分离倾向与分离

与品牌生态位重叠形成鲜明对照的是生态位分离倾向。所谓生态位分离倾向与分离是指品牌为满足顾客的不同需要、适应环境变化，以及在排斥作用下在各个变量维度上呈现不同的发展趋势和分化，我们一般称为品牌生态位分离或分离度。在品牌群落中，实力相当而又相互竞争的品牌为了各自的生存和不被对手击败，往往强化自身的某些特征，强调自己的异质特性，形成独特的经营管理理念，塑造鲜明的品牌形象，以实现主导品牌种间的竞争均衡而长期共存；相互竞争的弱势品牌，为了自身的生存与发展，往往避开对手的优势区域，发挥自身优势，寻找对方的弱势，开辟新的领域，避免与对手直接交锋或发挥比较优势攻击对手的弱势领域，以达到削弱对手甚至击败对手的目的。主导品牌强调具有鲜明特色的均衡发展，在确保核心能力的同时，力争各个方面占据优势；相对弱小的品牌强调有所为、有所不为的原则，充分发挥比较优势，针对主导品牌的弱势领域发展自己，充分把握时机，努力开辟新领域，以避免与主导品牌直接竞争。品牌发展的过程就是不断调整和完善的过程，就是“定位 - 调整 - 完善 - 重新定位 - 调整 - 完善”的过程。上述的品牌企业的行为其实质就是品牌生态位分离倾向和生态位分离，而满足顾客的各种需要、品牌种间的竞争和环境胁迫迫使品牌生态位分离。由此可见，品牌生态位分离是导致品牌种的多样性、品牌群落多样性的根本原因，而品牌种的多样性、品牌群落多样性又是品牌共生、共存的表现形式之一。设 Fz、F 分别为 n 个品牌种间的生态综合分离值和总结构分离矩阵，F_{ij} 为第 i 个和第 j 个品牌种结构分离矩阵，F_d 为生态位分离方向向量，F_{ij}^N、F_{ij}^L、F_{ij}^M、F_{ij}^T 为第 i 个和第 j 个品牌种间资源、生存能力、环境、市场空间、时间各个变量上的分离矩阵，f_{kn} 为 k、h 维度上的分离值，而且当 $k \neq h$ 时 $f_{kn}=0$，则有：

$$\begin{matrix} 1 & 2 & i & n & n\text{个品牌} \end{matrix}$$

$$F = \begin{pmatrix} 0 & F_{12} & F_{1i} & F_{1n} \\ F_{21} & 0 & F_{2i} & F_{2n} \\ F_{i1} & F_{i2} & 0 & F_{in} \\ F_{n1} & F_{n2} & F_{ni} & 0 \end{pmatrix}_{n\times n}$$

$$F_{ij} = \begin{pmatrix} F_{ij}^{\ N} & F_{ij}^{\ L} & F_{ij}^{\ M} & F_{ij}^{\ T} \end{pmatrix}$$

$$\begin{matrix} 1 & 2 & 3 & m & m\text{个维度} \end{matrix}$$

$$F_{ij}^{\ N} = \begin{pmatrix} f_{11}^{\ N} & 0 & 0 & 0 \\ 0 & f_{22}^{\ N} & 0 & 0 \\ 0 & 0 & f_{33}^{\ N} & 0 \\ 0 & 0 & 0 & f_{mm}^{\ N} \end{pmatrix}_{m\times m}$$

同理，可写出 F_{ij}^L、F_{ij}^M、F_{ij}^T，式中的 $F_{ij}=F_{ij}^T$。

$$F_Z = W_1 \times \sum_{k=1}^{m}\sum_{k=1}^{m} P_{kh}^{\ N} \times f_{kh}^{\ N} + W_2 \times \sum_{k=1}^{Q}\sum_{h=1}^{Q} P_{kh}^{\ L} \times f_{kh}^{\ L} + W_3 \times \sum_{k=1}^{R}\sum_{h=1}^{R} P_{kh}^{\ M} \times f_{kh}^{\ M} + W_4 \times \sum_{K=1}^{T}\sum_{H=1}^{T} P_{kh}^{\ T} \times f_{kh}^{\ T} \quad (3-7)$$

$$F_d = \left(\underset{k=h}{Max}\left\{ f_{kh}^{\ N} \right\}, \underset{k=h}{Max}\left\{ f_{hk}^{\ L} \right\}, \underset{k=h}{Max}\left\{ f_{kh}^{\ M} \right\}, \underset{kh}{Max}\left\{ f_{hk}^{\ T} \right\} \right) \quad (3-8)$$

公式（3–7）、（3–8）中，W、P_{kn}^N、P_{kn}^L、P_{kn}^M、P_{kn}^T 分别为变量间的权重和维度间的权重。

3.7.4 品牌生态位构建强度

根据自然生态位构建强度理论，针对品牌同样可以得出：品牌生命体在进化过程中，品牌与品牌、品牌与环境之间存在交叉催化作用，同样也存在着品牌生态位构建机制。生态位构建也可能导致进化惯量与动量变化及品牌有害的等位基因的修复、消除稳定的多态现象，从而引起不平衡。品牌生态位的构建是通过品牌的新陈代谢行为选择、调整自身的生态位创造、更新、蜕变实现的。从理论上讲，品牌生态位构建不仅能解释品牌、品牌群落与环境间的协同进化关系，而且生态位构建能够有规律改变环境、市场对品牌或品牌群落的选择及资源供应数量和供应结构，并且在品牌进化和品牌群落演替过程中产生信息反馈。生态位构建可能是品牌进化过程中的一种普遍规律，可应用于同质品牌群或不同类品牌种群间的基因相互作用。因此，可以视为品牌生态系统共同演化的一种机制和方式，即品牌在一个源地基因的不同表现型间接通过外部环境受到另一源地基因型的影响，从而引起品牌选择环境的反馈并改变等位基因对另一源地的适合度。

生态位构建的本质是反映同质品牌或品牌种群及不同类别品牌或品牌群落间的相互作用，以及品牌与环境的协调与对环境的影响。一方面，品牌间的相互学习与借鉴、品牌间的互动、品牌间的竞争等迫使竞争对手双方优化组织内部结构、提高组织工作效率、调整经营策略、提高经营水平等就是品牌种间相互影响的最直接的结果之一；另一方面，品牌的存在和品牌的经营策略、经营方式的选择都离不开环境的约束，国际品牌的本土化就是品牌在一个源地基因的不同表现型间接通过环境受到另一源地基因型的影响，从而引起品牌选择环境的反馈并改变等位基因对另一源地的适合度，是这一论断的最好的证据和管理实践上的支持。

以往，学者们注重品牌对环境适应性的研究，强调环境对品牌的影响，不太重视品牌对环境的影响。其实，品牌与环境是相互影响、相互作用的，品牌也可以影响周围的环境并构成环境的一部分，同时创造更适宜自己生存的环境，这就是新的品牌宜选择同类品牌集中的商业区落户等的原因，不仅是由于商业区自身的某些功能优势、集聚效应，还在于品牌商业区的基础设施、优质的服务、大的供应商、金融家的投资等要素，形成了适合它们生存的环境。

设定与品牌生存和发展有关的品牌生态要素个数为 n，G_j 为生态位构建强度，n个生态要素的量化指标分别记作 x_1，x_2，…，x_n，区间记作：$I_i=[a_i, b_i], x_i \in I\ i(i=1, 2, \cdots, n)$。$I_i$ 是第i个品牌生态要素的变化范围，即有 $a_i \leqslant x_i \leqslant b_i$，则品牌生存生态要素域可表达为：

$$E=I_1 \times I_2 \times \cdots \times I_i \times I_n \quad (3-9)$$

$$I_i=[a_i, b_i] \quad (3-10)$$

公式（3–9）中，E为n维生态要素空间 E^n 中的一个子集。

品牌对环境需要的生态位函数，可表示为如下非负的n元微分函数。

$$f(X_t)=f\{x_1(t), x_2(t), \cdots, x_n(t)\} \quad (3-11)$$

公式（3–11）中，$X_t=x_1(t), x_2(t), \cdots, x_n(t)$；$x_t(t) \in I_{i0}$

定义集合N为：

$$F=\{X_t | f(X_t)>0, X_t=x_1(t), x_2(t), \cdots, x_n(t)\} \quad (3-12)$$

$$G_j(t+1)=f(X_t)_{t+1}-f(X_t)_t \quad (3-13)$$

公式（3–12）中，集合F就表示品牌的生态位（或称生态位域），它也是n维生态要素空间 E^n 中的子集。当各个生态要素具有连续表达特征时，F即是Hutchinson表述的n维“超体积”生态位的构建模型。从生态位构建的机理上看，诸生态要素 $x_t(t)$ 是随时间变化的。因此，生态位域F也是随时间t变化的，F在 E^n 中的变动规律描述了生态位的构建作用。特别需要指出的是品牌成长发育的必要条件（$N \cap E^n$）$\neq \phi$，即表示其生态位域的子集F与表示其生态要素域的子集E之间的交集为非空集时才有生态位构建状态。否则，品牌不能生存下去。

3.7.5 品牌生态位适宜度

① 定义。品牌的生态位适宜度定义为品牌的现实生态位与最适生态位（理想生态位）之间的贴近度。它表示品牌对其环境要素的适合程度。从品牌成长进化角度看，生态位适宜度又是品牌进化惯量的一种测度。品牌的生态位适宜度越大，表明品牌对环境变化的适应性程度越高，品牌与环境协同进化惯量亦越大；反之，则越低。

设定品牌成长过程有关的n个生态要素。将这n个生态要素量化指标的标准化值分别记作 x_1，x_2，…，x_n，则各种环境条件（一般可让专家估计几组可能的变化模式或计算机模拟随机产生几组可能的环境变化模式）下每组估计值也可以是品牌长期积累的数据，$X_t=(x_{t1}, x_{t2}, \cdots, x_n)$ 表示品牌生存条件的一个现实生态位，也是n维空间中的点。另外，在品牌对其环境生存条件的利用过程中，第i种生存条件的最适值记作 $x_{ai}(i=1,2, \cdots, n)$，全部 $X_a=(x_{a1}, x_{a2}, \cdots, x_{an})$，称 X_a 为品牌的最适生态位。显然，它是品牌属性的一种定量描述。若是表示该品牌生态位的n维空间中的区域记作 E_n，则 $X_t \in E_n, X_a \in E_n$。

品牌的生态位适宜度是表示其属性的最适生态位 X_a 与表示其生存条件的现实资源位 X_t 之间的贴近度，其数学模型可表示为：

$$S_i=(X_a, X_t), X_a \in E^n,\ X_t \in E_N \tag{3-14}$$

公式（3-14）中，生态位适宜度值 $S\in[0,1]$，为计测两组数据 $X_a=(x_{a1}, x_{a2}, \cdots, x_{an})$ 与 $X_t=(x_{t1}, x_{t2}, \cdots, x_{tn})$ 之间的百分比相似性（距离）。

② 品牌生态位适宜度的指标。品牌生态位是一个多维的概念，通常认为资源、需求、技术、制度、竞争状况等是影响品牌及品牌企业的生态位适宜度的主要要素。对于每种因素来讲，品牌都可以通过调整以使自己更适应环境。当品牌对环境的适应能力达到最高时，它就获得了最佳的生态位适宜度。

资源。广义的资源包括自然资源、资金资源、人力资源等。资源是品牌生存和发展的基础，品牌通过抢占有利资源及对资源进行合理配置，使得其竞争能力不断加强，从而对环境的适应能力不断提高，生态位适宜度不断得到优化。

需求。需求是品牌成长的摇篮，品牌的成长和发展无一不是顾客需求拉动的结果。品牌的需求度越高，品牌的获利能力越强，其生存和适应能力也就越强，即生态位适宜度越高。

技术。品牌的核心是品质，提升品质的关键是技术，技术领先就能占据一定的生态位高度。技术越先进，品牌的生态位适宜度就越好。品牌通过不断的技术研发，使自己的生态位优势得以保持和提高，其生态位适宜度也得以不断优化。

制度。制度既包括品牌外部的宏观经济、政策、法律环境，也包括品牌企业内部的管理模式和产品标准等企业经营规则。制度因素对品牌的发展起牵引和指导作用，品牌不断调整自己以适应制度环境的变化，从而保持良好的生态位适宜度。制度对品牌发展越有利，品牌的生态位适宜度越好。

竞争状况。品牌的竞争状况不仅影响到品牌产品的定价，从而影响品牌的利润，还直接威胁着品牌的生存。品牌要通过竞争力的提升来塑造竞争优势。竞争优势越明显，品牌的生存和发展能力越强，其生态位适宜度越好。

对于具体行业而言，以上因素的重要程度是不同的。在衡量某些具体行业的生态位适宜度时，往往可以忽略其中的一种或几种因素。例如，高科技行业中的技术因素是关键，而资源等因素则通常不被考虑。

③ 品牌的生态位适宜度评价方法。由于评价品牌生态位状态涉及的因素都是模糊概念，所以，传统的评价方法不适用，本书采用了模糊综合评价法，建立了模糊综合评价模型。

第一步，建立品牌生态位状态评价指标体系。根据上文的分析，资源、需求、技术、制度、竞争状况是影响品牌及品牌企业生态位的主要因素，据此可以建立品牌生态位评价指标体系，如图 3-3 所示。

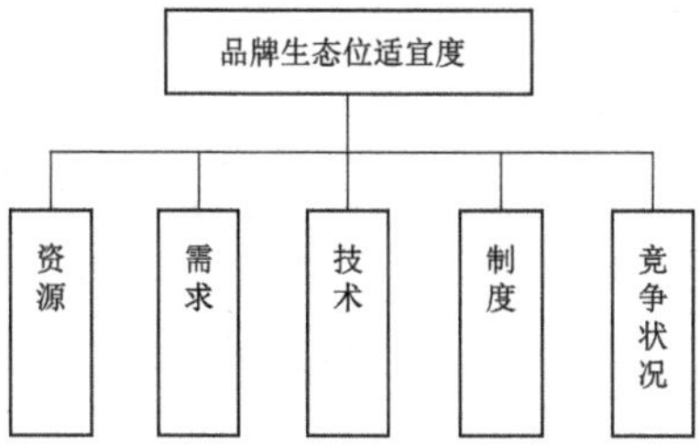

图 3-3　品牌生态位适宜度评价指标体系

第二步，确定每个指标的权重 W_i，$0 \leqslant W_i \leqslant 1$，$\Sigma W_i=1$，$i=1, 2, \cdots, n$。权重体现了每项指标在指标体系中的重要程度，因此，权重确定得是否科学、合理将直接影响评判结果的准确性。权重的确定可采用层次分析法或专家模糊经验打分法。不同行业受以上指标的影响程度不同，所以，不同行业的权重分布会存在很大差异。例如，对于IT业而言，技术因素的权重等级是最高的；而对于餐饮业而言，地理位置和需求因素的等级是最高的。

第三步，针对每个指标进行模糊量化评分，得到评分值 f_i，$0 \leqslant f_i \leqslant 1$。$f_i$ 值越大，说明这个指标的适宜度越好。对于第 i 个因素，如果 f_i 值为 1，说明品牌目前处于第 i 维的最佳生态位。评分值的确定可以通过市场调查获得，必要时也可以通过专家打分获得。

第四步，计算品牌生态位的状态总评价值 F，$F=W_1 f_1+\cdots+W_i f_i+\cdots+W_n f_n$。通过分析 F 值，就可以分析品牌的生态位适宜度。F 值越大，说明品牌的生态适宜度越高，品牌的生存和发展能力越好。

3.7.6 品牌进化动量参数

在品牌与其可变环境的协同进化过程中，品牌的最适生态位（或称生态位中心点），表示在其生态位空间中的最适合的位置，品牌对其最适生态位表现出趋适性。据此，定义品牌进化动量为现实生态位对其生态位中心点的趋适作用强度。一般而言，现实生态位距其中心点的距离越远，趋适作用越强，进化动量也就越大。

设定品牌的现实生态位为 $X_t=(x_{t1}, x_{t2},\cdots, x_{m})$，生态位中心点为 $X_a=(x_{a1}, x_{a2},\cdots, x_{an})$，则得出进化动量 M_j 的值。

$$M_j=\sqrt{\frac{\sum_{i=1}^{n}(x_{ij}-x_{ai})^2}{n}}\ ,\ (j=1,2,\cdots,m) \tag{3-15}$$

3.8 品牌生态系统健康评价参数

3.8.1 维度细分

①资源维度：资源是品牌赖以生存和发展的基础，也是品牌参与竞争的资本。本书将资源分为自然资源、资本资源、人力资源、无形资源、市

场资源、时间资源、环境资源。对于不同的品牌而言，需要的资源类型和数量不同，资源获得的能力与程度也不同。如果资源需要种类和数量少则称品牌资源生态位窄，否则称品牌资源生态位宽。如果品牌种间需要的资源获得能力和程度部分相同，则称品牌资源生态位重叠；若不同，则称品牌生态位分离。

② 品牌生存能力维度：品牌生存能力主要表现在品牌利用资源的能力、核心能力、为各类顾客共创价值的能力、与供方及合作方合作的能力、环境适应能力及品牌参与市场竞争的能力。

③ 品牌生存环境维度：品牌生存环境分内部环境和外部环境。内部环境可以营造，而外部环境一般要求企业适应。

④ 品牌市场空间维度。品牌市场空间维度细分的话，主要包括行业覆盖面、品牌产业覆盖面、顾客覆盖面、市场地理分布的广度、产品的种类与品种等，即品牌产品和服务的深度与广度。

⑤ 品牌时间维度。品牌时间维度细分的话，主要包括机会的捕捉能力、决策的及时性、产品和服务的研发周期、合同履行的准时性、产品或服务提供的及时性、产品或服务的换代周期、有效营业或服务时间。

3.8.2 品牌生态位维度值获取

根据各维度取值，大体上可分为定性和定量两类。根据各维度值的描述，可划分为模糊评价法和精确描述方法。根据各维度值的获得的方式可划分为调查统计法、专家评估法等。根据维度值获得的难易程度和获得时间可划分为未确知数据、统计调查数据。其中，未确知数据是指数据是客观存在的，但由于条件限制无法得到准确的数据。未确知的含义不是不存在，而是由于客观条件限制，无法准确计测，一般由专家评定。模糊评价是由于客观标准的不确定性而无法度量或无法准确计测。比如“品牌文化氛围”，由于“品牌文化氛围”好坏的标准难以界定，从而导致了“品牌文化氛围”的模糊性。

由于竞争相互双方或多方信息的不对称性，不可能相互间直接统计调查对手的数据，也不可能相互间进行问卷调查，只能通过公开的资料来统计分析对手的数据，如上市公司的年报、统计部门保存的品牌排行榜的数据等。这些数据的真实性、正确性难以证明，而且形式和内容不一定符合计测要求。此外，时间上也不能满足要求。又由于有些维度值本身的不确定也给维度计测带来一定的困难。故此，维度值的获得途径主要有 3 个，一是公开资料的统计，二是专家的估计，三是市场调查。其中，应尽可能地利用公开的资料获得定量的数据；对于由于客观原因或技术原因不能得到的模糊数据和未确知数据，采用专家估计法；对于能通过市场调查得到的数据，则尽可能地通过市场调查获得。

① 模糊评价法。将某个模糊维度值取值程度划分为 11 个定级：最差、差、较差、稍差、略微差、中等、略微好、稍好、较好、好、最好。对应的模糊集为：{0.0,0.1,0.2,0.3,0.4,0.5,0.6,5,0.7,5,0.8,5,0.9,1.0}。如果某个模糊维度值为“好”，则模糊维度值取 0.9，以此为例。假设某个模糊维度值为 F，该模糊维度又有 n 个指标，每个指标模糊等级分别为 F_r，每个指标模糊等级对应的模糊等级值为 f_i，每个模糊指标权重为 W_{Fi}，i=1,2,…, n，则模糊维度值的计算如公式（3–16）所示。

$$F=\sum_{i=1}^{n}W_{F_i}\cdot f_i \tag{3-16}$$

② 德尔菲方法。对于任意一个未确知数量维度值，请专家做出估计可能的数量和可能的不确定性影响因素，并且估计可能的数量值 W_d 和增减区间 [a,b]，其中 a 为增减上限、b 为增减下限；估计可能存在的不确定性影响因素及不确定性影响因素的等级 P。还可以对指标系统的每一级指标进行直接评估。首先，让专家凭借他们的经验对指标系统的一级指标进行评估，直接给出评估值 W_d 和增减区间 [a,b]。为方便起见，可规定 $0\leqslant a, b, W_d\leqslant 1$。其次，让专家评估二级指标对一级指标的影响等级 P 并规定 P 分为 9 个等级。最后，可以根据未确知理论得出未确知维度值较准确的数量估计或指标体系的一级指标，从而做出较为准确的评价。整个过程如下所述。

第一步：未确知维度值的估计。假设某个未确知维度值可能出现不确定性的影响因素有m 个：$I_1, I_2,\cdots, I_m$。因素空间记作I，则$I=\{I_1, I_2,\cdots, I_m\}$。

因素I_j不确定影响因素对维度值的影响程度分为P个等级（一般等级P = 9），如c_1 ={没有或极小}，c_2 ={很小}，c_3 ={小}，c_4 ={较小}，c_5 ={稍大}，c_6 ={较大}，c_7 ={大}，c_8 ={很大}，c_9 ={极大}。等级空间记作U，则$U =\{c_1, c_2, \cdots, c_p\}, (p =9)$。显然，$C_{K+1}$较$C_K$的等级高，记作$C_{K+1} >C_K$。

第二步：未确知测度与单因素判断矩阵。为了定量描述因素I_j产生不确定性对维度值的影响程度，引入γ_{jk}。

$$\sum_{k=1}^{p}\gamma_{ijk}=1,0<\gamma_{ijk}<1,(p=9) \tag{3-17}$$

公式（3-17）中称γ_{ijk}为未确知测度，简称测度。γ_{ijk}表示I_j产生的不确定性影响因素对某个维度值的影响属于第k个等级c_k的程度。γ_{ijk}按下面的方法确定。

请N个领域专家，对因素I_j不确定性影响因素对该维度值的影响程度进行预测或估计。第i位专家的估计向量为：

$$\left\{\gamma_{ij1},\gamma_{ij2},\cdots,\gamma_{ijp}\right\},(i=1,2,\cdots,n),(j=1,2,\cdots,m) \tag{3-18}$$

$$0\leqslant w_j\leqslant 1\ \sum_{j=1}^{m}w_j=1 \tag{3-19}$$

令：

$$\gamma_{ijk}=\frac{1}{n}\sum_{i=1}^{n}\gamma_{ijk} \tag{3-20}$$

由公式（3-20）得出领域专家对因素I_j不确定性影响因素对该维度值的影响的评价向量为$(\gamma_{j1},\gamma_{j2},\cdots,\gamma_{jp})$。由此得出m个不确定性影响因素对该维度值的未确知测度评价矩阵为$|\gamma_{jk}|_{m\times p}$。

第三步：因素权重与多因素综合测度评断向量。不同的不确定性影响因素对该维度值的影响重要程度是不同的，w_j表示I_j的重要性程度。

$$0\leqslant w_j\leqslant 1,\ \sum_{j=1}^{m}w_j=1$$

令：

$$\mu_k=\sum w_j\gamma_{jk}(k=1,2,\ldots,p) \tag{3-21}$$

由公式（3-21）可得出m个不确定性因素对维度值的影响向量为（$\mu_1, \mu_2, \cdots, \mu_p$）。$\mu_k$表示达到第k个等级$C_k$的测度，显然：$\sum_{k=1}^{p}\mu_k=1$。

第四步：影响区间确定。由于多种不确定性因素的存在，使得维度值产生正或负增量。以维度值正增量为例，要求领域专家对增量$+\Delta z$的大小做出估计。第 i 个专家的估计值为区间数 $[a_i^{(l)}, b_s^{(l)}]$，其中 $0 \leqslant a_i^{(l)} \leqslant b_s^{(l)}$，$a_i^{(l)}$ 称为下限，$b_s^{(l)}$ 称为上限。

令：$$a_i = \frac{1}{N}\sum_{l=1}^{N} a_i^{(l)}, \quad b_s^{(l)} = \frac{1}{N}\sum_{l=1}^{N} b_s^{(l)}$$

则区间数 $[a_i, b_s]$ 就是维度值的增量。因为增量 $[a_i, b_s]$ 不具有可“信赖”的程度，也比较粗糙，仅仅是领域专家的猜测。

第五步：维度值减小的三点估计法。多种不确定性因素对维度值的影响程度的判断向量及减少的估计数 $[a_i, b_s]$ 是出自同一领域专家的意见，当然，两者具有一致性。在区间 $[a_i, b_s]$ 重插入 P 个等分点，连同左边界点 a_i 和右边界点 b_s 总共 P(P=9) 个分点，令 P_k 与 C_K 对应。取置信度阀值 η_1、η_2，$0 < \eta_1 < \eta_2 < 1$，正确取 $\eta_1=0.2$、$\eta_1=0.8$。

令：$$K_1 = \min_k\left(\sum_{j=1}^{k}\mu_j \geqslant \eta_1\right)$$

$$K_2 = \min_k\left(\sum_{j=1}^{k}\mu_j \geqslant \eta_2\right)$$

则不确定性影响因素等级低于 k_1（即 C_{k1}）级的置信度为 $\eta_1 \leqslant 20\%$。同样，影响等级高于 K_2（即 C_{k2}）级的置信度为 $1-\eta_2 \leqslant 20\%$。或者说，影响程度落在 C_{k1} 与 C_{k2} 之间的置信度为 $\eta_2-\eta_1 \geqslant 60\%$。

以点 $[1/9, a_i]$ 与点 $[1, b_s]$ 为端点，按线型插值求对应横坐标为 $k_1/9$ 和 $k_2/9$ 的点的纵坐标为：

$$\Delta z_s^{(k_1)} = a_i + \frac{1}{8}(k_1-1)(b_s-a_i) \tag{3-22}$$

$$\Delta z_s^{(k_2)} = a_i + \frac{1}{8}(k_2-1)(b_s-a_i) \tag{3-23}$$

取：$$\Delta z_s = \frac{1}{2}(\Delta t_i^{(k_1)} - \Delta t_i^{(k_2)}) \tag{3-24}$$

则因不确定性因素使得维度减少至少 $\Delta z_s^{(k_1)}$，再低于 $\Delta z_s^{(k_1)}$ 仅有不超过 20%的置信度，同时减少至多 $\Delta z_s^{(k_2)}$ 且超过 $\Delta z_s^{(k_2)}$ 的置信度也不超过 20%。由此，可认为减少的最大可能的 Δz 为将 $[\Delta z_s^{(k_1)},\Delta z_s^{(k_2)}]$ 上的置信度作为白化点 Δz 的置信度，则有不低于 60%的置信度。

同理，可以计算维度值增加 Δz_d 最终的维度值 W_d 为：

$$W_d=Wd-\Delta z_s+\Delta z_d \tag{3-25}$$

公式（3–25）中，Δz_d 为维度增加值。

③ 维度评价值的规范化处理。无论采用什么方法确定维度评价值，最终都需要将评价值规范化处理，使值映射到 [0,1] 区间内，使得 o ≤维度评价值≤ 1。映射方法如下所示。

$$W_p=\sqrt{W_{d1}^{\ 2}+W_{d2}^{\ 2}+\cdots+W_{di}^{2}+\cdots W_{dn}^{\ 2}},(i=1,2,\cdots,n) \tag{3-26}$$

$$W_{di}=\frac{W_{di}}{W_p} \tag{3-27}$$

3.9 品牌生态系统健康评价过程

3.9.1 品牌生态位宽度评价

品牌结构生态位宽度包括资源生态位宽度、生存能力生态位宽度、环境生态位宽度、空间生态位宽度和时间生态位宽度。

假设相互竞争的品牌个数或品牌群落中的品牌个数为 N，维度变量一级指标个数为 r，P_{ij} 为 i 个品牌的第 j 个维度变量细分指标的定量评价值，B_{ji} 为第 i 个品牌的结构生态位宽度。根据 Shannon-Wiener 的生态位宽度计算公式计算品牌的资源、生存能力、环境、空间、时间结构生态位宽度分别为 B_N、B_L、B_E、B_M、B_T，如公式（3–28）所示。

$$B_{Ji}=-\frac{1}{\log N}\times\sum_{j=1}^{r}\frac{P_{ij}}{\sum\limits_{i-1}^{N}P_{ij}}\times\log\left(\frac{P_{ij}}{\sum\limits_{i=1}^{N}P_{ij}}\right) \tag{3-28}$$

公式（3–28）中：i=（1，2，…，N），j=（1，2，…，r）。

$$B_i=-\frac{1}{\log N}\times\sum_{j=1}^{r}\frac{P_{Jij}}{\sum\limits_{i-1}^{N}P_{Jij}}\times\log\left(\frac{P_{Jij}}{\sum\limits_{i=1}^{N}P_{Jij}}\right) \tag{3-29}$$

公式（3-29）中：B_i 为第 i 个品牌的生态位宽度；N 为品牌个数；P_{ij} 为第 i 个品牌在第 j 个维度上的评价值的比例；P_{Jij} 为第 i 个企业的资源、生存能力、环境、空间、时间维度总评价值；r 为生态位维度数，r=5。

3.9.2 品牌生态位重叠度评价

品牌生态位重叠分为结构重叠和综合重叠，任意两个品牌在资源、生存能力、空间、时间维度细分一级指标上的重叠 d_{ij} 按公式（3-30）计算。

$$d_{ij}=d_{ji}=\frac{P_{ik}}{\sum_{h=1}^{N}P_{hk}}\times P_{jk} \tag{3-30}$$

公式（3-30）中，N 为相互竞争品牌个数或品牌群落中品牌个数，P_{hk} 为第 h 个品牌在第 k 个维度细分一级指标的定量评价值，P_{ik} 为第 i 个品牌在 k 个维度细分一级指标的定量评价值，P_{jk} 为第 j 个企业在第 k 个维度细分一级指标的定量评价值。

品牌的结构生态位和综合生态位重叠采用 Petraitis 特定重叠指数计测生态位重叠。

$$SO_{ik}=e^{E_{ik}}$$

$$E_{ik}=\sum\left(P_{ij}\ln P_{kj}\right)-\sum\left(P_{ij}\ln P_{ij}\right) \tag{3-31}$$

$$SO_{ki}=e^{E_{ki}}$$

$$E_{ki}=\sum\left(P_{kj}\ln P_{ij}\right)-\sum\left(P_{kj}\ln P_{kj}\right) \tag{3-32}$$

显著性检验公式为公式（3-33）。

$$U_{ik}=-2r\ln(SO_{ik}),\ U_{ki}=-2r\ln(SO_{ki}) \tag{3-33}$$

公式（3-33）中，SO_{ik} 为品牌 i 重叠品牌 k 的生态位重叠指数，SO_{ki} 为品牌 k 重叠品牌 i 的生态位重叠指数。U 服从 df 为 r-1 的 X^2 分布。若其显著，便拒绝品牌 i 在 k 上生态位完全重叠的假设。其他符号含义同前。

3.9.3 品牌生态位分离度评价

品牌生态位分离分为结构分离和综合分离，任意两个品牌在资源、生存能力、空间、时间维度细分一级指标上的分离 f_{ij} 按公式（3-34）计算。

$$f_{ij}=f_{ji}=\frac{1}{\sum_{h=1}^{N}(1-p_{hk})}\times(1-P_{ik})(1-P_{jk}) \tag{3-34}$$

公式（3-34）中，N为相互竞争品牌个数或品牌群落中的品牌个数，P_{hk} 为第h个品牌在第k个维度细分一级指标的定量评价值，P_{jk} 为第j个品牌在第k个维度细分一级指标的定量评价值。

3.10　品牌绿色高质量发展策略

竞争中的品牌要想生存下去，有3个主要策略。一是全面提高自己的生态位，减少与其他品牌的生态位重叠，与其他品牌全面错位，确保自身全面优势，即微软、英特尔、宝洁等公司的品牌策略。该策略要求品牌企业必须有很强的实力，适合市场主导型品牌。二是在提高自身生存能力的同时，通过优化资源、空间、时间生态位结构，在资源、环境、空间、时间等方面全面与市场主导品牌尽可能减少生态位重叠，实现错位经营。该策略要求品牌必须有一定的实力。三是对于众多的弱势品牌而言，它们无法与主导品牌直接竞争，其采取的策略必然是在逐步增强自身实力的基础上，本着有所为、有所不为的原则，重点突破，使得自身在某一方面优于市场主导品牌或实力较强大的品牌，利用市场主导品牌和实力较强的品牌间的资源、空间、时间空当及自身的灵活性以实现“钻空”经营。无论哪种策略，品牌都要付出一定的代价，而最佳的生存策略是要将这种代价降到最低。

本书认为品牌生态系统结构特征决定了系统的功能。所以，生态结构健全的品牌生态系统才能够健康地发展。所谓健康，是指品牌生态系统是稳定的和可持续的，它反映了系统内部秩序和组织的整体状态并具有弹性。因此，品牌生态系统健康是指系统处于良好的运行状态，具有稳定和可持续性，在时间上具有维持其生态结构、自我调节和对胁迫的抵抗力。

本章从生态系统的角度，探讨了品牌的生命现象和生命本质，界定品牌生态系统概念，阐明了品牌生态系统的群体特征和数量特征。界定品牌生态位内涵，从品牌生态位宽度、品牌生态位重叠、品牌生态位构建强度和品牌生态位适宜度等几个参变量研究品牌生态位的数学表述和测度模型与方法，为后续章节做了铺垫。

第 4 章 健康发展的品牌生态系统功能

品牌生态系统的竞争是品牌生态系统之间、品牌生态系统内品牌与品牌之间及品牌与各利益相关方之间的竞合关系。许多重要的生态系统问题，如生物的多样性、种群的物种共存、共生机理、物种的特化与泛化，特别是生物之间的竞争与种群间相互关系的研究，都是以生态位为基础的。所以，本书从品牌生态位切入，分析了品牌生态系统内种群的竞争。

4.1 品牌与利益相关方的竞合功能

各品牌在诞生的初期，适宜生存的品牌生态空间是无限大的，生态位的拓展几乎不受其他品牌的抑制。各品牌在种群内竞争力的作用下，不同品牌的生态位越来越靠近，直至出现重叠。随着各品牌生态位之间重叠部分越来越多，品牌的种群间竞争加剧，某一品牌会因为生态位被抢占而灭绝，或者通过生态位的重新选择实现彼此分离而共生。品牌种群内和种群间的这种关系，我们可以分为几类竞合模式来进一步阐明。

4.1.1 品牌生态位演化的种群内竞合模式

在生物界，种群内部为争夺生存空间和资源而进行的争斗称为种群内竞争，如植物的密度效应和动物的领地行为。同样，在品牌生态系统中，同品牌种群内的各个品牌之间也会发生生存资源（争夺供应商、销售渠道、顾客）的抢夺和领域行为（区域品牌保护）等形式的种群内竞争。

4.1.1.1 品牌生态位种群内竞争关系

品牌生态位种群内竞争关系是建立在无限环境或近似无限环境下的，因此，该模式成立的假设条件有两个。①品牌种群内适宜生存的品牌生态空间无限大，品牌个体可以无限制地进行销售扩张活动。②存在一个恒定的增长率 r。r 表示品牌个体的数量呈指数增长，包括个体生长率（各品牌个体拓展其生存空间的速率）和个体迁入率（各品牌个体吸引潜在进入者迁入的数量），而且不随品牌种群内生态位的拓展而改变。

构建关系模型。因为品牌种群的生长和潜在进入是连续进行的，而且没有特定的进入时期，在这种情况下，我们用微分方程表示品牌种群内生态位的拓展率，见公式（4−1）。

$$\frac{dN}{dt}=rN \tag{4-1}$$

其指数公式为：

$$N_t=N_0e^t \tag{4-2}$$

公式（4−2）中，N_t 为 t 时刻品牌种群内生态位大小，N_0 为初始品牌种群内生态位大小，e 为自然对数的底。该关系模型中，r 是瞬时增长速率。如果 $r>0$，则品牌种群内生态位变大；如果 $r<0$，则品牌种群内生态位变小；如果 $r=0$，则品牌种群内生态位相对稳定。

如图 4−1 所示，在 $r>0$ 的情况下，以品牌种群内生态位大小 N_t 对时间 t 所做的品牌种群内生态位增长趋势呈 J 字形。

本类品牌竞争关系表达在品牌建设过程中的现实价值如下所述。

企业将其研发的新产品或服务品牌推向市场的初期，如果新品牌能赢得消费者的认可而获得超过行业平均利润水平的回报，则此品牌个体能获得充足的资源而成长，而且形成对市场中潜在品牌的吸引力。即当 $r>0$ 时，出现品牌种群内生态位拓展的现象，尤其是当新的品牌为企业带来高额利润时，品牌个体快速成长且对市场中潜在进入者形成强大的吸引力，即 r>0，出现“生态位膨胀”的现象。当新品牌带来的利润只是行业的平均利润时，出现部分企业将资金转移到其他品牌种群或迁出的现象，同时存在部分企业加大品牌投资力度和一些企业进入该品牌种群的现象。即当 r=0 时，品牌种群内生态位相对稳定。当新品牌带来的利润低于行业平均利润水平时，企业开始考虑将资金转移到其他行业品牌种群或缩小生产规模，对潜在进入者的吸引力几乎为零。即当 r<0 时，品牌种群内生态位缩小。

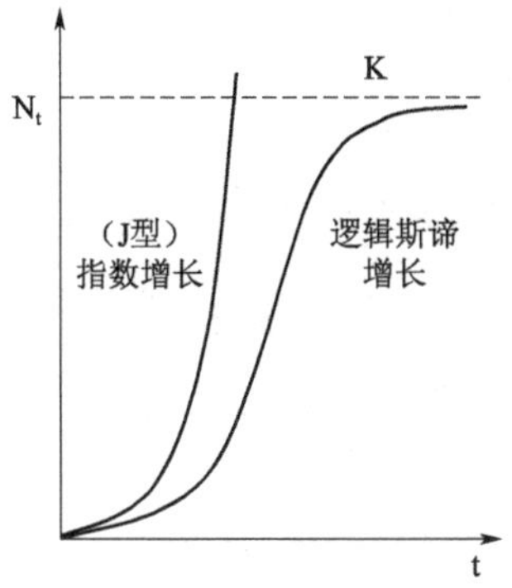

图 4-1　逻辑斯谛品牌生态位拓展曲线

尽管该竞争关系模型给出的假设条件在现实中是不存在的，但在品牌诞生初期，即运用新技术研发满足消费者潜在需求的新产品或服务品牌在其投放市场的初期，品牌适宜生存的品牌生态空间可以被认为是“无限大”的。因此，各企业必须把握好这一时期的品牌种群内生态位拓展规律，合理地调整资本投资和生产规模，以实现品牌快速健康成长的目的。

4.1.1.2　品牌生态位的种群内竞争阻滞拓展关系模式

品牌生态位的 J 型增长曲线实际是一种无限增长模式，但就现实来说，由于受种群密度等因素的制约，种群内个体竞争资源的斗争也就更为激烈。为此，我们引入逻辑斯谛增长方程。

假设条件有 3 个，如下所述。

① 品牌种群存在品牌生态空间容量的问题，即产品或服务品牌存在最大需求量。当 N_t=K 时，品牌种群生态位拓展停止。

② 个体拓展率 r 随品牌种群生态位的拓展而降低，即随着品牌种群生态位可拓展空间的变小，各企业必须消耗更多的精力（人力、物力和财力等）来维系品牌的生长环境，而且通过生产技术、关键资源、差异营销等方式形成一定的进入壁垒来维护自己的领域，减弱了对潜在进入者的吸引。

③ 品牌种群每拓展一个单位的品牌生态空间，就对自身的生长和潜在进入者的迁入产生 $1/K$ 的抑制作用。

构建该关系模式：每个品牌个体使用了 $1/K$ 的品牌生态空间容量，则 N 个品牌个体就使用了 $\frac{N}{K}$ 个品牌生态空间的容量。可供品牌个体进入和潜在进入者进入的剩余生态空间为（$1-\frac{N}{K}$）个，因此，引入容量阻滞系数（$1-\frac{N}{K}$）后，品牌生态位拓展微分方程为公式（4-3）。

$$\frac{dN}{dt}=rN(1-\frac{N}{K}) \tag{4-3}$$

对公式（4-3）进行积分，则为：

$$N_t=\frac{KN_0}{(k-x_0)e^{-rt}+N_0} \tag{4-4}$$

公式（4-4）中，N_0 是满足初始值，$N(0)=N_0$，是品牌种群开始进入某行业建立初始生态位。由此，可以看出，当 $t\to\infty$ 时，$N_t\to K$，其解曲线的分布如图 4-1 所示的 S 型逻辑斯谛曲线。公式（4-4）中的 N_0 取值为零，表示该品牌生态位从零开始，即市场上从未有过该行业品牌，主要原因是新的消费需求或新技术的出现而导致该品牌产生。

该关系模式在品牌建设过程中的现实价值阐述如下所示。

① 当满足消费者潜在需求的新技术诞生时，品牌处于被消费者知晓和逐渐认可的阶段，于是，品牌忠诚度和美誉度都很低。因此，品牌生态环境的不稳定使得品牌种群生态位拓展缓慢，基本符合 J 型指数增长。

② 随着消费者对品牌美誉度、忠诚度的提升，以及品牌在市场宣传、差异化等方面的营销力度的继续投入，使各品牌个体大大增强了生命力，能大量摄取品牌种群生态位内的营养物资（利润）而快速成长，对潜在进

入者产生了巨大的吸引力，品牌种群生态位加速拓展。

③ 越来越多的品牌个体在品牌种群适宜生存的品牌生态空间内“定居”，当“剩余空间”为数不多时，品牌个体之间的竞争加剧，种群密度制约的影响越来越大，生长速率降低，死亡率开始上升，对潜在进入者的吸引力开始下降，品牌种群生态位拓展速度开始出现减缓趋势。

④ 当品牌生态空间内仅零散地分布着未被占据的“剩余空间”时，只有具备较好的“眼力”——准确进行“市场细分、目标市场选择和产品定位”的品牌，才能发现并抢占小片“剩余空间”，品牌种群生态位拓展越来越慢。

⑤ 当品牌生态空间内已不存在品牌种群可拓展的“剩余空间”，或过小的“剩余空间”提供的营养物资无法弥补拓展消耗的能量，即收入不抵支出时，各品牌个体停止生长，而且不再具备对潜在进入者的吸引力，品牌种群生态位停止拓展，甚至会发生收缩现象。

品牌被作为复杂的生命有机体看待，其行为具有领地性的特征，会通过一系列排挤性竞争策略来维护自己的领域（即生存区域空间），如燕京啤酒之于北京、珠江啤酒之于广州。因此，品牌种群生态位拓展的种群内竞争阻滞关系模式对品牌建设实践具有更强的系统性指导意义。

4.1.2 品牌生态位拓展的种群间竞合模式

由迈克尔·波特的五力竞争模型，我们知道任何品牌种群都不可能单独存在。由于不同品牌聚在同一品牌生态空间内，结果使品牌个体之间的联系更为密切，从而出现对生态环境的竞争、对生存资源和顾客的争夺的矛盾。于是，特定的生态空间内的不同品牌种群和潜在的替代品牌种群通过创造和满足不同顾客需求的变化，实现不同品牌生态位的演替和协同进化。下面，我们研究两个不同品牌种群竞争的关系构建模型。

模型构建的假设条件：假设没有合作伙伴，两个品牌种群增长遵从各自的 Logistic 模型，即其各自生态位增长模型分别为公式（4–5）、（4–6）。

品牌种群 1：

$$dN_1/dt=r_1N_1(K_1-N_1)/K_1 \quad (4-5)$$

品牌种群 2：

$$dN_2/dt=r_2N_2(K_2-N_2)/K_2 \quad (4-6)$$

公式（4-5）、（4-6）中：N_1、N_2 分别为两个品牌种群的生态位大小，K_1、K_2 分别为两个品牌种群生态环境的容纳量，r_1、r_2 分别为两个品牌种群生态位的增长率。

两者关系的建立：两个不同品牌种群在同一生态空间，则它们不可避免发生竞争，从而影响生态位的扩展。设物种 1 和物种 2 的竞争系数为 α 和 β（α 表示在品牌种群 1 的生态空间内，品牌种群 2 每扩展一个单位的生态位对品牌种群 1 生态位拓展的抑制效应；β 表示在品牌种群 2 的生态空间内，品牌种群 1 每扩展一个单位的生态位对品牌种群 2 生态位拓展的抑制效应），假定两个种群之间竞争系数保持稳定，则品牌种群 1、品牌种群 2 之间竞争的生态位扩展方程为公式（4-7）、（4-8）。

品牌种群 1：

$$dN_1/dt=r_1N_1\left(\frac{K_1-N_1-\alpha N_2}{K_1}\right) \quad (4-7)$$

品牌种群 2：

$$dN_2/dt=r_2N_2\left(\frac{K_2-N_2-\beta N_1}{K_2}\right) \quad (4-8)$$

两个品牌种群间竞争的结果取决于两个种群的竞争系数 α、β 和 K_1、K_2 比值的关系，可能有以下 4 种结果。

① $\alpha > K_1/K_2$ 或 $\beta > K_1/K_2$，两个品牌种群都能拓展其生态位。

② $\alpha > K_1/K_2$ 或 $\beta < K_2/K_1$，品牌种群 1 的生态位被抑制，品牌种群 2 取胜。

③ $\alpha < K_1/K_2$ 或 $\beta > K_2/K_1$，品牌种群 2 的生态位被抑制，品牌种群 1 取胜。

④ $\alpha < K_1/K_2$ 或 $\beta < K_2/K_1$，两个品牌种群的生态位共存且达到某种平衡。

本关系模式对品牌建设的现实价值如下所述。

如图 4–2 所示，横坐标表示品牌种群 1 生态位大小，纵坐标表示品牌种群 2 生态位大小；与横轴呈 45° 的实线是平衡线，平衡线右边表示品牌种群生态位变小的情况，平衡线左边表示品牌种群生态位变大的情况；箭头方向表示品牌种群生态位持续的变化方向。

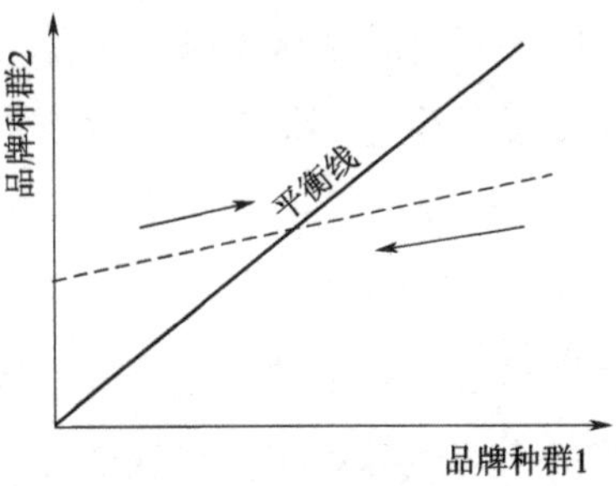

图 4–2 品牌种群生态位间竞争示意

从图 4–2 中可以看到，两个种群间的生态位关系有 3 种：一是不共存，如数码相机的出现使传统相机市场日渐缩小，预测不久将会基本消失；二是在平衡点附近稳定共存，如饮料行业的果汁类、碳酸类、矿泉水类等不同的品牌种群通过不同的生态位共存于同一生态空间；三是不稳定共存，如在交通工具类生态空间内的自行车类品牌、摩托车类品牌与众多的汽车类品牌之间不稳定共存。

不同品牌种群之间的竞争关系不是恒定不变的，它们会与品牌生态环境间协同进化，如新技术的出现或工艺的改进会使某类品牌生态位发生变异或跃迁，找到更加适宜的生态位，提高品牌生态环境的容纳量，从而改变竞争的状态。

通过对品牌生态位演化模式的阐述，为各企业或组织在打造品牌的战略操作过程中如何于不同阶段做好生态位拓展和生态位选择的工作，尤其是在生态位重叠时期如何做好生态位选择具有重要的启示价值。

4.2 品牌生态系统生存环境协同与挑战

4.2.1 品牌生存环境概述

品牌生态环境的概念形成源于大自然的启迪。在自然界的生物圈中，各种生物、微生物与它们赖以生存的环境之间相互影响、相互作用，构成了生物圈的生态动态平衡。品牌生态环境亦是如此。安格尼斯嘉·温克勒在《快速建立品牌：新经济时代的品牌策略》中曾系统探讨品牌生态环境的概念和管理问题，指出品牌生态环境是一个复杂的、充满活力的、不断变化的有机组织。我国学者王兴元也提出“名牌生态系统”的概念。品牌生态系统是以品牌企业为核心的，由品牌与品牌产品、品牌拥有企业、公众、相关企业及品牌生态环境（包括政治、经济、法律、社会、技术、自然及其他环境等）组成的人工生态系统。在这个品牌生态系统中，处于产品供应链上的成员为直接支持成员，包括供应商、金融机构、企业、员工、经营者、中间商、顾客；为品牌产品生产经营提供人力及政策扶持的成员是间接支持成员，包括政府、股东、社会公众、传媒等；与品牌产品展开竞争，限制品牌生态发展的成员称为限制性成员，主要指企业的竞争者；将品牌企业直接附属的成员称为品牌生态系统的核心成员，包括著名品牌、品牌产品、品牌拥有企业、企业股东、员工、经理人。

可以看出，品牌生态系统的环境主要是指商务环境，而商务环境与自然环境之间有着很大的区别。

一是商务环境作为人工环境系统有多变性的特点。最初，商务环境仅仅将市场作为环境因素；20 世纪 30 年代后，将政府、工会、竞争者等有利益关系者也看作环境因素；进入 20 世纪 60 年代，又将自然生态、科学技术、社会文化等作为重要的环境因素；20 世纪 90 年代以后，随着政府对经济干预力度的加强，更加重视政治、法律环境因素。就商务环境本身而言，常常处于不断的变化之中，环境的变化既有环境主、次地位的互换，也有可控性质的变化，还有矛盾关系的协调。例如，20 世纪 70 年代末以前，我国处于“短缺”经济状态，短缺几乎成为社会经济的常态。改革开放以后，仅就卖方市场向买方市场转变而言，市场环境发生了重大变化。在计划经济的"短缺"经济时代，竞争几乎不存在，产品和品牌的生命周期似乎也无限长。只有在市场经济时代，产品和品牌的生命周期性才显现出来。

二是商务环境的差异性。不同的国家或不同的地区，环境因素存在着广泛的差异，不同品牌企业的内部环境也千差万别。正是因为商务环境的差异，品牌企业为适应不同的环境变化，必须采用具有不同特点和针对性的品牌生存与竞争策略。环境的差异也表现在同一环境的变化对不同品牌企业的品牌生存影响不同。比如，我国加入WTO后，国内的商务环境发生了重大的变化，但这一重大的环境变化对不同品牌的影响是不同的。我国加入WTO后不但没有对家电产品品牌造成冲击，反而为某些家电产品品牌成为全球知名品牌创造了机遇，但对有些行业的品牌却产生了极大冲击。

三是商务环境的相关性。商务环境诸因素间相互影响、相互制约，某一因素的变化会带动其他因素的相互变化，形成新的商务环境。比如政治、法律因素或经济政策的变动均能够影响某一行业内品牌企业的竞争格局，进而影响品牌的格局。例如，1987年，我国电冰箱行业正逢政策性调整，使得一批质次价高的电冰箱企业及品牌遭淘汰。市场需求环境因素不仅受消费者经济条件、偏好及社会文化等方面因素的影响，政治、法律因素的变化往往也会产生决定性的影响。此外，各个环境因素之间有时会相互矛盾，比如政策性调整往往会造成连锁反应，而这些连锁反应常常伴随着矛盾的产生。

四是商务环境的可营造性。商务环境本质上是一种人工环境，人类不同的活动会营造出不同的商务环境。比如，立法行为会营造出不同的法律环境；政治、经济活动会营造出不同的政治、经济环境；研究机构、大学、企业的研发活动会改变技术环境；商务宣传活动也会影响人们的消费行为，进而影响到市场需求环境因素。人类的活动常常具有很强的目的性，因而，人类营造出的环境也往往带有某种目的性。人们制订某种技术标准，其目的之一是要鼓励使用某种技术范式，从而营造出适合某种技术的技术环境。人类的群体活动、共同的偏好等也会营造出某种环境。几个人使用互联网或偏好使用互联网不会产生任何影响，但当众多的人使用互联网时就会营造出互联网环境，创造出一个网络化时代。网络化时代的许多商务环境因素已经或正在发生根本性的改变。

五是商务环境的主动适应性。人们不仅可以营造商务环境，而且可以主动地适应商务环境。如企业可以通过商务流程再造或企业再造适应变化了的商务环境，企业可以凭借技术研发甚至购买技术来适应新的技术环境，等等。商务环境中，成员的角色、地位、作用会经常化地发生变化。

4.2.2 品牌生存环境要素协同推动品牌绿色可持续发展

品牌环境要素中一切对品牌成长、发展、繁殖、行为和分布有直接或间接影响的要素称为生态要素。品牌与环境间的相互作用及品牌生态系统功能的发挥往往是通过品牌生态要素起作用的。品牌生态要素主要包括中观的任务环境要素和宏观的外部环境要素。任务环境包括产业政策要素、网络环境要素、市场环境要素和地域环境要素。外部环境要素包括社会环境要素、法律环境要素、技术环境要素、经济环境要素、政治环境要素、文化环境要素等，具体如表 4-1 所示。

表 4-1　品牌生态要素构成分析表

	品牌生态要素构成	说明
经济生态要素	消费市场要素	以顾客为关注焦点，满足顾客需要的能力
	物资市场要素	物资市场货源供给的充裕度、供应商的数量，以及竞争、价格水平和供货质量等
	劳动力市场要素	劳动力的供应和劳动者素质、劳动力水平、劳动者的价值取向强烈影响品牌的经营和竞争能力
	产业与产业结构要素	产业种类和数量、比例关系、社会化程度、分工协作水平等
	市场规范化要素	市场法律、法规的完善配套情况
	国际经济要素	关税、汇率、壁垒、市场开放程度
	交通、通信要素	交通环境、交通服务水平和物流组织能力等；对信息流的支持能力

续表

	品牌生态要素构成	说明
社会生态要素	文化要素	品牌经营企业所在地区及经营所涉及地区人群的文化水平
	教育要素	教育水平、教育普及程度、专业化教育结构体系完善程度，即人力资源支持能力
	社会制度与政策要素	经济与分配制度、产业政策、法律及法规
	国际政治要素	国际政治形式、战争、经济制裁与经济封锁等
	科学技术要素	重点科学发现、新技术革命与产业化等
自然生态要素	自然资源要素	水资源、矿产资源、能源及环境资源等
	地域与地缘要素	相邻地区的经济、政治、文化状态和可能构成的交通、通信条件

经济生态要素指影响品牌产品或服务的生产、流通、消费相关的因素。品牌建设需要通过品牌产品与服务和各环节的利益相关者建立一种人与环境和谐统一的经营理念，比如品牌绿色属性定位、品牌的功能性、情感性感知体验、品牌形象等，作为企业的核心竞争力构建品牌建设范畴。具体而言，各要素的内涵阐述如下。

① 消费市场要素。在市场经济下，消费市场控制着品牌的生存与发展。消费市场主要包括消费能力和消费者对产品与服务的价值取向。消费者的价值取向决定着品牌产品的市场定位、技术创新、提供产品或服务的价值走向和行为。企业要在竞争中获得生存与发展，关键是消费者在同一支付条件下，能为消费者提供更多满足消费者主观价值的产品和服务。在市场进化过程中，消费者各种选择的改变及企业用适当的品牌产品来满足消费者的选择所需要的知识和技术是最为重要的。

② 物资市场要素。现代品牌的培育活动需要充足和快捷的物资供应。物资市场中，供应商提供的货源的充裕度、货物数量、价格水平与稳定性、供货的快捷与否都将影响品牌的发展。

③ 资金市场要素。资金始终是制约品牌培育的主要因素。现代品牌的培育需要大量的资金投入。品牌拥有企业必须具有能从资金市场获得发

展所需要资金的能力。因此，良好的融资能力对品牌的培育有至关重要的影响。

④ 劳动力市场要素。围绕品牌的一切活动均是依靠人进行的。现代社会劳动力市场的劳动力供应、劳动者素质、劳动力价格和劳动者价值取向强烈影响着品牌培育的各项经营行为。比如，著名的软件公司微软依靠雄厚的人才资源，一直雄霸软件市场。

⑤ 产业与产业结构要素。这里的产业与产业结构要素指不同产业的产品或企业品牌的数量，以及它们之间的配比和相互作用关系。产业内和产业间不同种品牌良好的生态关系有助于该品牌的发展；反之，会阻碍该品牌的发展。

⑥ 交通要素。没有便利的交通环境，就没有商品的流通和人才、技术的交流。著名跨国公司的发展更需要交通的有力支持，现代跨国集团旗下品牌包含的各个产品部件可能是在世界各地生产出来的，如果没有方便、发达的交通根本不可能实现。

⑦ 信息和通信要素。品牌的经营管理实质是信息收集、存储、产生和发布的过程，这个过程需要便捷的通信手段的支持。

⑧ 国际经济要素。在国际经济中，关税、货币汇率、区域性的经济同盟、国际金融和经济法规都对品牌的培育起着制约或推动的作用。

社会生态要素。社会生态要素包括文化、社会制度与政策、国际政治、教育、科技等生态要素。

① 文化要素。文化特征的主体是道德观念、价值观念、宗教与非宗教信仰等。一个地区的文化形式对品牌产品的品种、可接受程度、企业经营管理的模式起着很大的作用。企业文化的深厚与否对于品牌的形成至关重要。品牌文化是企业价值观的外在表现。品牌是产品价值的集中表现，二者的内在统一将会带给消费者更多的期待与满足。

② 社会制度与政策要素。一个国家或地区的社会制度和政策对企业发展往往起着决定性的影响，进而影响到企业的品牌战略。

③ 国际政治要素。随着全球经济一体化的发展，国际关系对品牌主要是跨国经营的品牌起着重要的作用。

④ 教育要素。教育不仅决定着劳动者的素质，而且决定了整个地区的文化观念、道德水平，从而影响着品牌策略的实施。

⑤ 科学技术要素。科学技术决定了品牌产品或服务的形态、更新发展的速度、市场竞争形态及经营管理可能利用的技术形态，并且强烈影响着人类的生活方式、文化观念。每一次重大的科学技术革命都必将引起生产力的巨大提高、新产品爆炸性的增长、新的产业不断涌现，由于品牌所有者的反应不同，对品牌的发展的影响差异也很大。

比如手机行业的波导和江门建生。一开始，两大品牌都是以寻呼机为主营业务。对行业内技术变迁的敏锐的反应，辅以强大的技术创新能力使波导成为市场的先行者。由于新技术带来了产品种群的丰富，从而为波导带来了生机。1998 年，波导寻呼机销售量突破 100 万台大关，从国外品牌手中一举抢占了近 20% 的市场份额，成为继摩托罗拉之后中国寻呼机市场的第二大市场占有者。尽管江门建生在这一时期也表现优秀，但客观来说与波导相差一定距离。波导凭借对技术变迁的敏锐把握，从环境中获取了更多的资源，从一个名不见经传的小品牌成长为国内外知名的通信终端产品品牌，如图 4-3 所示。

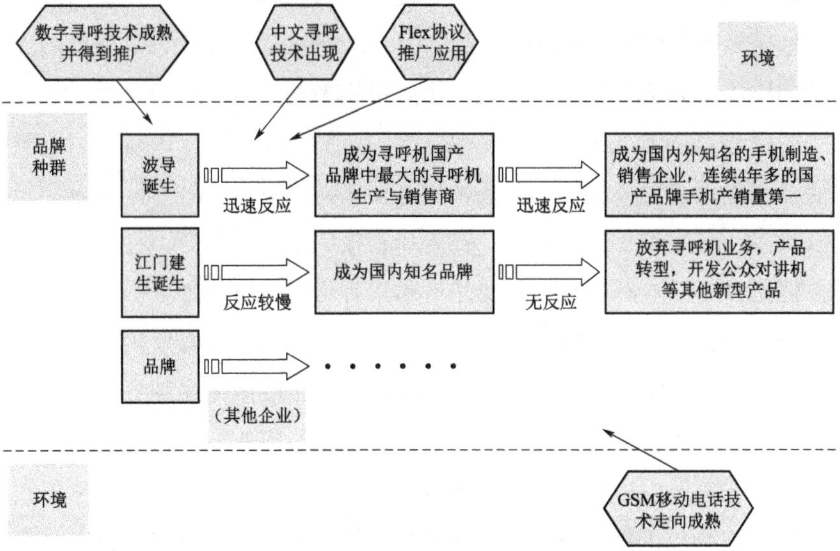

图 4-3　技术变迁对企业品牌生态位变化的影响

⑥ 自然生态要素。自然生态主要是指品牌所有企业所处的地域与自然资源。地缘环境是指相邻地区的经济、政治、文化状态和可能构成的交通、通信条件。合适的地域地缘环境对品牌企业的成功起着很大的推动作用。很显然，沿海地区教内陆地区有优势，靠近发达地区较远离发达地区有优势。

自然资源包括水资源、生物资源、矿物资源、土地资源、气候资源、大气资源。充足的自然资源是企业对品牌的经营顺利进行的前提条件，良好的自然环境能吸引大量的资金的投入。

4.2.3 品牌耐受性与绿色发展法则

品牌限制要素是指品牌生态系统中最易阻挠和限制品牌成长与壮大的生态要素，这一概念来自于生物系统中的限制要素定律。早在 1840 年，德国有机化学家李比希就认识到了生态要素对生物生存的约束作用，并且阐明在植物生长必需的元素中，供给量需求量比相差最大的元素决定着植物的产量，这就是著名的“最小要素法则”。1913 年，美国生态学家 V E.Shelford 又提出“耐受定律”，认为任何一个生态要素在数量或质量上的不足或过多时，即当其接近或达到某种生物的耐受限制时，就会使该生物衰退或不生存。这条规律合称为“限制要素定律”，它对于生态系统中限制要素的作用机理同样适用于经济生态系统，适用于品牌建设。

耐受性与限制要素定律的主要价值是使品牌管理者掌握了一把研究品牌与环境复杂关系的钥匙，各种生态要素对品牌来说并非同等重要，品牌管理者一旦找到了限制要素，就意味着找到了影响品牌生存和发展的关键。但是，对于限制要素的重视并不意味着可以忽略其他生态要素间的协同影响。在我国品牌建设的实践中，一直认为信息与传媒要素是影响品牌成长的关键性要素，于是，无休止的高消耗广告战成为品牌竞争的主要形式，电视、广播、报纸、互联网，从街头巷尾到偏僻农村，每一个角落无不堆满企业形形色色的广告。电影明星、体育明星、歌星，一切可以利用的名人都被利用来做广告宣传；科学家被利用来写文章做软广告，对企业产品进行吹嘘；过去一直认为最神圣最严肃的学术刊物都被卷入其中。大多数企业把广告、形象包装看作品牌竞争制胜的唯一法宝，企业广告宣传费用大大超过产品的开发成本、生产成本。1996 年，山东秦池酒厂以 6666 万元夺得中央电视台“标王”，当年实现销售收入 9.8 亿元、利税 2.2 亿元，比 1995 年增长 5 倍以上。1997 年，尝到甜头的山东秦池酒厂疯狂报出 3.2 亿元的天价再次中标，但巨额广告费用大大超过自身的承受力，产品开发和扩大再生产资金短缺，盛名之下其实难副，不得不用四川小厂的酒来勾兑冒充本厂产品，后被媒体曝光，山东秦池酒厂迅速崩溃。考察 1995—2003 年的央视“标王”，如表 4-2 所示，孔府宴、秦池、爱多、步步高这些红极一时的著名品牌纷纷走上不归之路。“标王”的迅速崛起又迅速败落的原因是多方面的，但片面强调广告这一信息与传媒手段而忽视了其他生态要素的协同影响，不能不说是其衰败的根源之一。因此，企业竞争力的提升必然要求做好品牌建设与品牌管理，不仅仅要注重产品质量、产品功能和产品材质，更要注重消费者态度、品牌文化、品牌传播、品牌感知、品牌体验等赋予产品的附加价值。特色企业更要注重生态性的特色，而不是以环境为代价的一味强调技术特色。其中，绿色企业与绿色品牌的发展要以节约资源、废物循环再生、能量多重利用为原则，以可持续发展为己任，将环境利益和对环境的管理纳入企业经营管理与品牌建设全过程，实现企业 - 品牌生态经济管理的全方位优化。

表 4-2　1995—2003 年，中央电视台黄金广告段位“标王”

年份	金额（万元）	公司（产品）
1995	3079	孔府宴酒
1996	6666	秦池酒
1997	32000	秦池酒
1998	21000	爱多 VCD
1999	15900	步步高
2000	12600	步步高
2001	2211	娃哈哈

续表

年份	金额（万元）	公司（产品）
2002	2015	娃哈哈
2003	10889	熊猫手机

本章以品牌生态位为基点，研究品牌生态系统内不同生态位品牌的竞争原理、品牌生态系统环境因素优化，全面促进企业－品牌建设，推动品牌实现绿色可持续发展。

第5章 健康发展的品牌生态系统时空演化

在自然生态系统中，我们经常可以看到分层现象。从形态上看，大致可以分为草本层、灌木层和乔木层。在一个品牌生态系统中，所有品牌个体依据其生态位的特征，即品牌种群规模、品牌种群的竞争优势与竞争地位、产品与市场的特性、企业的经营策略等要素，可以划分为3种形态的品牌生态群落，即品牌草本生态群落、品牌灌木林生态群落、品牌森林生态群落。通常，行业也是经历由品牌草本生态系统→品牌灌木林生态系统→品牌森林生态系统的演化过程。

5.1 草本型品牌时空演化

按照生态学的定义，草本生态群落是由耐寒的旱生多年生草本植物为主组成的植物群落。品牌生态学对品牌草本生态群落的描述是一个由草本型品牌和少量灌木林型品牌组成的品牌生态群落，是行业初始阶段。这一时期，品牌所在企业规模较小，竞争优势不明显，其产品为满足市场上某一个特定群体消费者的偏好，往往一个品牌就代表一种产品或一类产品群，占领市场的一角，犹如自然生态系统中的草本植物。草本型品牌解释如表5-1所示。

表 5-1 草本型品牌特征

品牌生长型	植物学定义	草本型品牌定义	品牌特征
草本型品牌	草本植物茎含木质细胞少，全株或地上部分容易萎蔫或枯死，如菊花、百合、凤仙等。又分为一年生、二年生和多年生草本	有多个细小脆弱的主干，很分散和微弱的品牌关系网络、媒体、口碑，而且品牌关系网络、媒体、口碑呈现周期性的复苏与萎缩，大部分草本型品牌生命周期很短	它触点特别不集中且极易散失，所有它触点有规律性地显现和消失

在企业形态中，拥有草本型品牌的企业多为初创企业，企业规模小、管理不完善、生命周期短。

5.2 灌木林型品牌时空演化

按照生态学的定义，灌木林是以灌木和灌木型的乔木构成的林地，而且灌木和灌木型的乔木的总覆盖率要到达 30%。拥有灌木林型品牌的企业规模中等，具有特定的竞争力，其产品为满足某一细分市场消费者的需求，即在购买欲望、购买实力、地理位置、购买态度和购买习惯等方面大致相同的消费者群体。该类型品牌掌握一定的资源，通过提供特色产品占领某一市场领域，犹如自然生态系统中的灌木林。还有一类灌木型的乔木品牌，这可以说是灌木林型品牌进化成乔木林型品牌的一个中间过程，品牌灌木林期很容易和品牌乔木林期混淆，是因为界定灌木林型品牌和乔木林型品牌的标识的模糊。在我国，大部分行业都处于品牌灌木林期，大部分企业处于灌木林型品牌阶段。当灌木林型品牌和灌木林型的乔木林品牌所占比例达到 30% 以上时，我们称这个时期为品牌灌木林期。灌木林型品牌解释如表 5-2 所示。

表 5-2 灌木林型品牌特征

品牌生长型	植物学定义	灌木林型品牌定义	品牌特征
灌木林型品牌	主干不明显，常在基部发出多个枝干的木本植物称为灌木，如玫瑰、龙船花、映山红、牡丹等	有多个小的树干，有分散的品牌关系网络、媒体、口碑	它触点不集中，触点多

在企业形态中，拥有灌木林型品牌的企业多为较有实力的企业或创建两年以上具备一定规模和竞争力的企业。这类企业中有少量也可进化为乔木林型品牌，而绝大部分将维持原状若干年或消失或被并购。灌木林型品牌是企业形态中最大的一类形态，它也是品牌草本期→品牌灌木林期→品牌森林期（乔木林期）过程中的主要角色。通常，灌木林型品牌在品牌草本期的比例不超过 20%，如果超过这一比例，应称为品牌灌木林期。不论是草本林型品牌还是灌木型品牌，由于没有强有力的主干支撑，也就是没有强大的树冠，对应品牌生态学中的品牌自触点的占有程度低，无法保持强有力的竞争力。因此，我们可以总结，一个以初创企业草本型品牌为主的行业是处于品牌草本期的行业；那么，以中等规模企业为主的行业就处于品牌的灌木林期的行业。

5.3 森林型（乔木林型）品牌时空演化

按照生态学的定义，森林是以乔木为主体的生物群落，是集中的乔木与其他植物、动物、微生物和土壤之间相互依存、相互制约并与环境相互影响，从而形成的一个生态系统的总体。森林要求郁闭度 0.20 以上（含 0.20）。品牌森林期也就是乔木林型品牌占主导的行业发展时期，要求乔木林型品牌的品牌郁闭度应为 0.20 以上。乔木林型品牌解释如表 5-3 所示。

表 5-3　乔木林型品牌特征

品牌生长型	植物学定义	乔木林型品牌定义	品牌特征
乔木林型品牌	乔木是指树身高大的树木，由根部产生独立的主干，树干和树冠有明显区分。乔木有一个直立主干且高达 5 米以上，乔木与低矮的灌木相对应，通常见到的高大树木都是乔木，如木棉、松树、玉兰、白桦等。乔木按冬季或旱季落叶与否又分为落叶乔木和常绿乔木；依其高度而分为伟乔（31 米以上）、大乔（21 ～ 30 米）、中乔（11 ～ 20 米）、小乔（6 ～ 10 米）等 4 级	有一个高大的直立主干，有支撑品牌的、统一的、强大的品牌关系网络、媒体、口碑	它触点特别集中，触点丰富

在企业生态中，拥有乔木林型品牌的企业的规模较大，竞争优势明显，其产品可满足大量消费者的需求。该类企业资源雄厚，通过设计一种在尺寸和功能、数目上都适中的产品来争取大部分消费者，犹如自然生态系统中的乔木。

郁闭度指森林中乔木树冠遮蔽地面的程度，它是以林地树冠垂直投影面积与林地面积之比来表示的，完全覆盖地面为 1。根据联合国粮农组织的规定，郁闭度 0.20（含 0.20）以上的为郁闭林，一般以郁闭度 0.20 ～ 0.69 为中度郁闭、郁闭度 0.70 以上为密郁闭，郁闭度 0.20（不含 0.20）以下为疏林。因此，我们可以引入品牌郁闭度的概论来描述乔木林型品牌“树冠”遮蔽“地面”的程度，可以反映品牌分布密度。它实际上是所有乔木林型品牌的品牌自触点（树冠）的正投影面积与该行业总的品牌自触点的正投影之比。根据这个比例的大小，将品牌森林期分为中度郁闭品牌森林期（0.20 ～ 0.69）、密郁闭品牌森林期（>0.7）和疏林品牌森林期（<0.2）。

5.4 品牌生态系统生命周期演化与健康发展

生物都有无限增长的潜力，把由于生物单元无限增长的潜力所引起的态和势的增加称为该生物单元生态位的扩充。生态位的扩充是生物圈演变的动力。自然界中，在没有大的干扰的前提下，群落和生态系统的生态位具有明显的扩充趋势，即总是由低级向高级发展，从裸地向顶级的演替过程就是由简单向复杂、由低态势向高态势的演变过程。作为类生命系统，品牌群落也具有扩充生态位的属性，试图占据更大的生存和发展的空间，发挥更大的生态作用，对环境产生更大的影响。生物的生态容量是由自然环境确定的，而品牌生态系统的生态容量也是随着其生命周期的更替而演化的。

品牌可持续成长是一个过程和趋势，是品牌在较长时期内所表现出来的特征。这就需要品牌成长过程应该统筹兼顾，不仅在时间上要充分考虑到品牌的当前发展和长远发展的相互协调，而且还要在空间上充分考虑到品牌在某一发展时期之间的相互协调。

5.4.1 更新期

这一时期，品牌仅代表一种产品，是为了满足某一特定需求而推出的，而这种需求一直在变化着；每种需求都要借助于某种技术而得到满足，每种新技术都曾一度最好地满足了各种需求；每种技术都有一个需求 / 技术生命周期，包括出现期、迅速增长期、缓慢增长期、成熟期和衰退期等阶段。因此，当原有的需求 / 技术生命周期进入衰退期时，品牌群落的生态环境就会发生剧烈变化，品牌群落内各品牌个体必须通过变异产生新的种子——新技术、新产品或新服务来适应新的品牌生态环境。由于各品牌个体拥有的资源条件不同，对品牌生态环境的变化趋势也存在不同的认识，从而形成了多种多样的、变异的“种子”。

在产品进入市场的初期，消费者需求的不确定性和多样性造就了品牌生态环境的异质性，为各种各样的新“种子”提供了萌发的条件。随着这些种子的萌芽，即新产品的投入生产和投放市场，品牌生态空间内迅速形成了新的植被，即新的品牌群落。这一时期的品牌群落中不存在某些品牌个体占据大片品牌群落空间的现象，每种新产品只能满足某一个特定消费者群体的偏好，而且能在品牌群落空间中找到适合自己生存的一个角落。所以，草本型品牌群为这一时期品牌生态系统的主要组成部分。

5.4.2 积累期

根据“三型”（草本型、灌木林型、森林型）品牌群在品牌群落中所占比重的不同，可以将品牌群落演替过程中的积累期划分为两个阶段。

第一阶段的积累期特征如下所述。①品牌产品进入某个市场不久，往往没有竞争对手，形成原始生态位或竞争前生态位，品牌群落空间扩大。早期消费者的使用不仅能吸引其他消费者购买新产品，更重要的是能使更多的潜在消费者知道新产品的存在并了解其功能特性，产生购买欲望，从而扩大了品牌群落空间。②品牌个体迅速成长：资金的积累、生产规模的扩大、生产技术的成熟与改进，以及对品牌生态环境更深刻的认识，使各品牌个体迅速拓展自身生态位空间，提高个体生物量——所提供的产品数量。③品牌群落密度增大：由于广大的品牌群落空间的存在和各品牌个体快速成长的吸引，新竞争者不断加入，品牌群落密度持续增大，提高了品牌群落的总生物量。

这一阶段，品牌群落规模与品牌群落空间承载能力之间还存在差距，即存在剩余能力，品牌群落密度和个体生物量都会发生增长。因此，草本型品牌迅速成长为灌木林型品牌；草本型品牌数量减少至接近消失，而灌木林型品牌数量增加至占据绝大部分品牌群落空间。

第二阶段的积累期特征如下所述。①品牌群落空间饱和：只要市场是开放的、均衡的，很快就会有其他竞争者大举进入该市场，形成生态位的部分重叠，随着产品的市场需求达到稳定，品牌群落空间不再扩大；各个品牌个体占据了品牌群落空间的不同生态位，品牌群落空间内不存在未被占据的生态位空间。②品牌群落密度降低：当品牌群落空间饱和时，各品牌个体并不停止生长，而是相互侵入已被竞争者占据的生态位空间抢夺生存资源；品牌群落通过“优胜劣汰”的自然选择使劣势品牌个体死亡，强势品牌个体则占领劣势品牌个体生态位空间而茁壮成长。

这一阶段，生态位空间的抢夺使单位产品利润减少，各品牌个体只能通过规模效应降低产品的生产成本来提高自己的竞争能力。因此，草木型品牌在“自然选择”过程中成长为灌木林型品牌，或者死亡；灌木林型品牌数量增加至超过草木型品牌数量；当灌木林型品牌数目达到最大值时，品牌生态系统总生物量最大。

5.4.3 过渡期

过渡期的品牌生态系统总生物量开始减少，其特征体现为以下两点。①消费者需求日趋多样化：随着产品的使用和需求的满足，消费者对同类品牌逐渐产生更高一级的特色需求；产品生命周期日益缩短，升级换代的新产品研发难度不断提高。②在竞争日益激烈的品牌生态环境中，各品牌个体通过产品差异化、服务差异化、人员差异化、渠道差异化和形象差异化等营销策略避免直接的竞争，以求在品牌群落空间中占据一定的生态位。

需求的多样化和竞争策略的差异化，使得品牌群落空间不断地重新划分生态位，原本占据大片品牌群落空间的灌木林型品牌群被乔木型品牌群代替。因此，灌木林型品牌数目开始减少，乔木型品牌数目增加。为了适应复杂多变的品牌生态环境，企业开始与同类品牌的企业联合，共同谋求发展。美国商界有句名言：“如果你不能战胜对手，就加入到他们中间去。”现代竞争，不再是“你死我活”，而是更高层次的竞争与合作，现代企业不再是“单赢”，而是“双赢”或“多赢”，共同打造“超级品牌”。惠普与康柏合并，共同打造了“新惠普”，从而使竞争的双方利用尚未有对手竞争的资源转移到不与其他物种发生重叠的生态位去，或者尽量在少重叠的生态位中生存发展。

5.4.4 稳定期

稳定期的主要特征体现在以下 3 点。①各品牌个体占据品牌群落空间不同的生态位，通过特色技术、差异化营销、稀缺资源等措施形成进入壁垒，以维护自己的领域。②乔木林型品牌数目超过灌木林型品牌数目。③草本型品牌个体重新出现，通过提供个性化产品维持生存。此时，草本型、灌木林型和乔木林型品牌群在品牌生态系统空间内可以很好地共生，品牌群落结构稳定。像沃尔玛和微软所在的品牌生态群落中，两者都拥有大量松散的相互联系在一起的成员，这些成员互为依赖，相依相生。再如，武汉一条不足 1000 米的大街上，排列着十几家酒店，这些酒店生意都不错，这是为什么呢？因为它们都形成了自己的特色，进行差异化服务，彼此之间错开了生态位。如“艳阳天”以气势宏大为特色，“醉江月”以物美价廉为特色，“大中华”以富丽堂皇为特色，“重庆陶然居”以川味火锅为特色，“世外桃源”以休闲娱乐为特色……由此，使这条街的餐饮市场一片红火。

5.4.5 蜕变期

蜕变期的特征是新老技术的交替或消费者需求的转移使原产品市场需求量开始减少，导致品牌群落空间逐渐变小直至消失。如移动电话技术的出现使寻呼机行业进入衰退期。衰退期的到来意味着新一轮的品牌生态系统演替过程的开始，即品牌的生态位可以发生变迁，如图 5-1 所示。

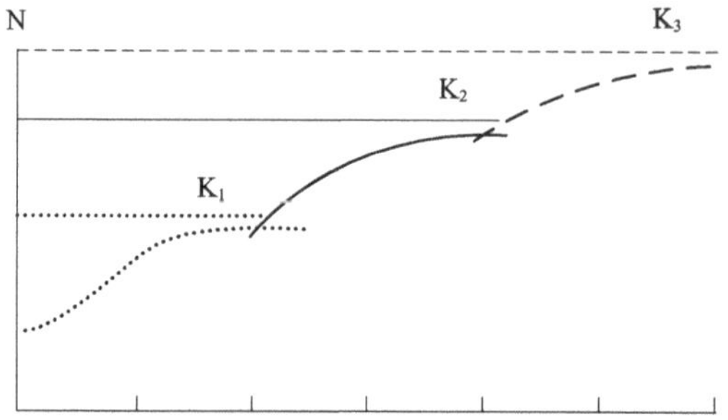

图 5-1　品牌生态位变迁

由于生态环境的变化，原有的生态位就有可能不再适应新环境的需要，成为品牌生存发展的障碍。环境中原有的生态位平衡被打破，新的生态位要产生，旧有的生态位要被逐渐淘汰。生态位的迁移过程，有缓慢、渐变的过程，也有剧烈、突变的情况发生。其中，新技术的出现这类突变的情况对品牌群落的影响最为至关重要。

例如，数码技术彻底变革了成像技术的产业原理，从而改变了成像产业的生态环境。从生态位的角度分析：数码产品消费者队伍的扩展速度是传统相机无法比拟的（其中还不包括数码技术在其他消费品领域的应用，如摄像手机）。如果不考虑市场容量的变化而单纯看数码成像产业的竞争格局演变，自然会得出结论：数码成像产业的竞争日趋激烈。然而，如果将市场容量的变化（生态位的漂移）作为另一个参数指标加以综合考虑，结论会比较趋于理性。即由于生态位的迁移，企业的生态位得以扩大，因此，在数码成像产业生态内部，竞争的加剧是与品牌生态位的扩展相伴而生的。进一步的分析甚至有可能得出两者的增长对比。数码产业生态形成根本上源于数码技术。数码相机的出现不仅扩展了原有传统相机生产厂商的生态位，为其多元化经营提供了新的延伸方向，同时也使一部分潜在生态位得以开发，如数码打印、电子相册、图片传输、快递业务等，这些新增业务开拓了经营者的经营领域和获利机会。此外，数码相机使用普及率的提高还带动了市场对相关产品需求的增长，如家庭电脑、家用打印机、打印像纸、移动存储器等。这一循环过程是一种正向价值链模式：前终端市场发展催生中间业务和终端业务。因此，原有生态位基础上的品牌生态群落消亡，在新生态位关系基础上诞生了新的品牌生态群落和品牌生态系统。

在品牌群落成长过程中的 5 个阶段，草本型、灌木林型和乔木林型品牌群呈现波动变化的特征，如图 5-2 所示。

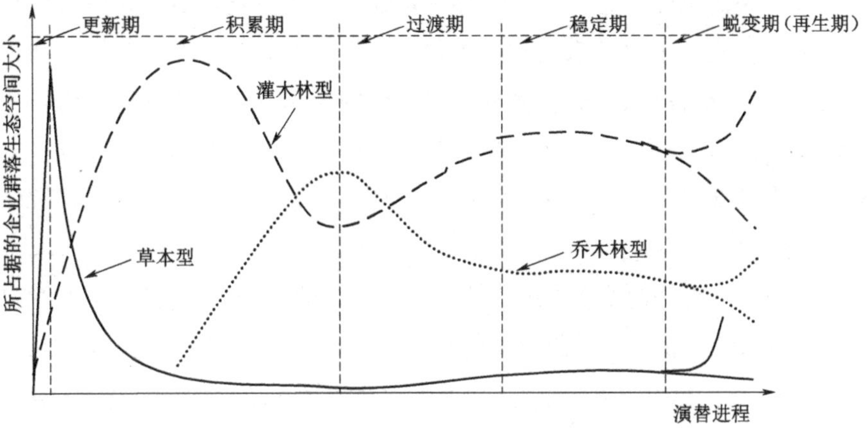

图 5-2　品牌生态系统生命周期

5.5　品牌不同生存阶段的发展策略

在自然生态系统中，各种生物分别承担着不同的角色。有关键的中枢成员，这些成员承担着调控生态系统健康的核心作用，比如沿海生态系统中的海獭。海獭通过吞噬大量的海胆来帮助调节太平洋西北部的沿海生态系统。假如毫无制约，海胆就会吃掉过多的多种无脊椎动物和植物，包括海藻，而正是这些动植物构成的食物网成为近海生物繁衍的推动力。在 19 世纪末和 20 世纪初，由于人们捕杀海獭以获取毛皮，海獭数量锐减，从而对沿海多种鱼类和其他生物造成了深远的负面影响。也有主宰者，它们为了自身的成长最大限度地榨取其他成员的营养，比如那些排挤掉系统中其他物种的杂草。当然，绝大部分物种都属于狭窄空间的生物，它们具有某种专门职能，为整个生态系统的运转做出贡献，比如微生物、海藻等生物。

类比于自然生态系统，品牌生态系统健康运行同样离不开各种扮演不同角色的品牌的贡献。对此，将自然生态系统中生物的不同角色类比为品牌生态系统中品牌的不同战略类型，可以将品牌生态系统中的各品牌划分为骨干型品牌、主宰型品牌和缝隙型品牌三大主要角色。

① 骨干型品牌战略。采用骨干型战略的品牌在品牌生态系统中扮演着至关重要的角色。它们的根本目标是通过提供一套稳定的、具有可预测性的共享资产来改善系统的整体状况，而其他品牌则可以利用这些共享资产来创造自己的产品。例如，沃尔玛的采购系统和微软的视窗操作系统及软件工具就是这样的共享资产。如同在自然生态系统中一样，尽管骨干型品牌只是巨大系统中很小的一部分，它们却发挥着影响系统的作用。

骨干型品牌战略有两部分。其一，为品牌生态系统选择一个能获得价值的生态位。倘若一个骨干型品牌找不到一种行之有效的创造价值的方法，就无法吸引或留住系统成员。骨干型品牌能够以多种方式为生态系统创造价值，但最常见的是创造一个平台，也就是以服务、工具或技术等形式出现并为生态系统中其他成员提供解决方案。其二，骨干型品牌要与系统中的其他成员分享价值，理性地选择自己在群落中的生态位。假如做不到这一点，骨干型品牌虽然暂时可能大发其财，但最终会遭到遗弃。因此，它必须将自己创造的大部分价值在整个系统中与大家分享，在慷慨大方与必须为自己保留一部分价值之间保持平衡。同时，骨干型品牌还肩负着选择品牌群落成员的重任。由于品牌生态系统的生态效应的发挥取决于群落成员的自身素质，骨干型品牌必须要从品牌战略的高度对品牌群落的各成员进行筛选，充分考虑各品牌的能力与成长演进的潜力，从而确保品牌群落合力的形成，选择品牌群落，构筑品牌联盟。

② 主宰型品牌战略。在品牌生态系统中，骨干型品牌以某种间接方式来行使自己地位带来的权力，决定群落整体的生态位和自己在群落中的生态位。但是，在生态系统中的主宰型品牌则以更为传统的直接方式来施加影响力，它们利用自己的重要地位控制整个品牌群落的协调稳定发展。

实物资产主宰型战略。主宰型品牌力图通过横向或纵向整合，直接拥有和掌控商业网络的大部分。一旦主宰者成为唯一一家主要负责创造价值和获取价值的品牌，一个有意义的生态系统就不可能形成。实物资产主宰者，即终极侵入者，最终控制一个生态系统的大部分。不过，它们至少还负责创造自己所获得的价值。

价值主宰型战略。与实物资产主宰者形成对照的是，采用价值主宰型战略的企业对生态系统很少直接控制，在某些情况下只不过占据某个中枢位置而已。虽然它为该系统创造的价值极其有限，却竭尽所能地从中攫取价值。通过从系统中获取了其他成员创造的大部分价值，它留下的价值太少，以致无法维持系统的健康运转，系统最终崩溃，而价值主宰者也随之一起倒下。

共生系统是成功的联盟，处于该系统中的个体和群体共同进化、协调发展。共生型合作模式是指两个或两个以上成员不是直接竞争、相互抑制，而是互利共存、优势互补，组成利益共同体。共生型合作模式间组织结构、经营方式、方向、规模和技术水平又相互适应，相互之间有直接业务往来，实现资源共享，进行信息交流，成员企业间以利益关系和信息关系构成网络。所以，群落中的主宰型品牌要同其他品牌保持共生、共享、平等互利的合作伙伴关系，才能实现持续发展，否则，只会随生态系统崩溃而崩溃。由此可知，品牌成长和可持续成长力反映了品牌所属主体内部各子系统（要素）、内部各系统与外部环境之间在发展过程中彼此和谐一致、协同作用的程度。

③ 缝隙型品牌战略。在一个品牌群落中，采用缝隙型品牌战略的企业构成了商业生态系统的主体并承担大部分的价值创造和创新工作，它们不是整个群落发展的主要领导者，对骨干型品牌和主宰型品牌有一种天然的依赖。它们创造的大部分价值集中于专供它们有或能够发展的能力领域，而且利用生态系统中的骨干型品牌提供的服务以求发展。在一个健康生态系统中，缝隙型品牌集体创造了大部分价值，是系统大部分价值创造和创新的主角，以高度专业化的态势专注于狭窄的细分市场。因此，它们既有效提高了生态系统的总价值，又有效扩大了品牌生态系统缝隙空间。

缝隙型品牌的命运决定了整个生态系统的发展状况；同时，它们的战略选择也在一定程度上影响了群落的发展。对于这些品牌，任何心存侥幸心理、期望“渔翁得利”的思想是绝对不可取的。环境在随时的变化，品牌生态系统中的成员可能也会随时改变。如果试图“搭便车”或是创新跟不上等，将被淘汰，取而代之的是生命力更强的成员。另外，在制订战略时也不能只着眼于品牌本身，还应从全局考虑，了解整个品牌生态系统的健康状况，既要保障自己的生存与发展，又要促进系统的健康和稳定。

5.6 品牌与不同环境要素协同绿色发展的策略

品牌生态环境处在不断地变化中，并且通过自然选择作用对品牌群落内各品牌个体实现“优胜劣汰”。各品牌个体在自然选择过程中形成了自己的一些特征，如品牌个体规模大小、与其他品牌个体的关系、核心竞争力、营销策略等。这些特征反映了不同品牌个体对其所处的品牌生态环境的适应方式，即生态对策。参照生物进化过程中适应机制的不同，我们可以认为品牌的生态对策有 r- 对策和 k- 对策及介于其间的对策，它们与环境承受能力的关系如图 5-3、图 5-4 所示。

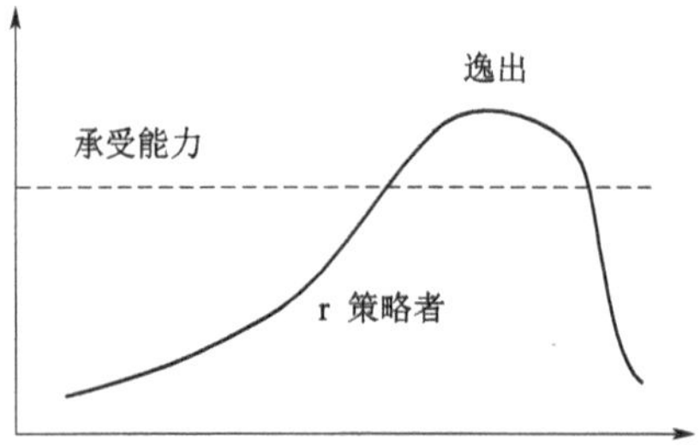

图 5- 3 r- 对策

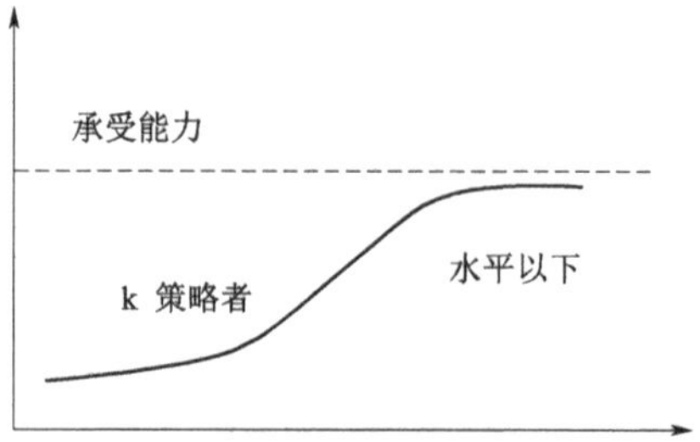

图 5-4 k- 对策

r - 对策——变异繁殖策略。当品牌生态环境不稳定时，品牌个体通过生产多种不同性质的产品占据品牌群落空间的不同生态位，以保证品牌个体内部各个产品的利润总和实现动态平衡或增长，为品牌的健康生存和生长提供充足的营养物资。

k- 对策——饱和策略。当品牌生态环境比较稳定时，品牌个体通过规模效益、技术、营销策略和品牌形象等方式提高核心竞争力，以保证品牌个体能从某项产品中获取足够的利润来维持自身生存和生长。

r- 对策和 k- 对策是生物界自然选择的两个端点，大多数物种分布于这两个极端类型之间，不同品牌个体在同一品牌生态环境中，或者同一品牌个体在不同品牌生态环境中的生态对策是不同的，r- 对策和 k- 对策可以作为品牌生态对策自然选择的两个端点。

采用 r- 对策时，品牌生态位较宽，此时成长扩展能力强但产品（或服务）较为粗放、泛化，竞争能力较弱，存活率低；品牌对应着众多品类，甚至关联性不大的产品大类；追求以规模取胜，品牌个体多种多样，其实质是最大限度发挥品牌的现有价值。当生长、繁殖总量超出环境的承载极限时，将会导致因资源消耗而趋于消亡。环境迫使其改进策略模式，需要完成由 r- 对策向 k- 对策转化，否则，将被环境淘汰。采用 k- 对策时，品牌采取较窄的生态位，此时品牌成长、扩展能力缓慢，但产品（或服务）具有特点（比如科技含量高、适用于特殊群体等），竞争能力强，存活率高；品牌对应着少数几个甚至只有一类产品；品牌个性相对明确，奉行聚焦法则，适应环境变化，具有较强且独特的核心能力，不易被复制；努力让品牌成为产品类别的代名词。

品牌在生命周期的不同阶段，面临的生态环境存在明显差异，必须能及时且准确地调整生态对策，才能适应环境变化而健康成长，甚至其长盛不衰与可持续发展的意愿能得以实现。长寿品牌首先根据生命周期的不同阶段和环境的变化适时地调整自己的生态策略。短寿品牌或流星品牌大多不分析自己所处生命周期的哪一阶段，品牌发展的各个阶段几乎采取同样的对策，结果，品牌要么先天不足、营养不良，要么维护不善，迅速老化，过早地结束了自己的生命。所以，一家企业经营自己的品牌选择哪种生态战略——不管是骨干型、主宰型还是缝隙型，首先要看自己所处行业的成熟程度，属于商业生态期的哪个阶段——草本期、灌木林期、森林期；然后分析自己企业属于何种类型，对系统中其他成员的依赖程度，进而选择自己的生态对策，这样才能适应环境并健康成长。大自然给每一个人或每一种生物都提供了适应其生长的特殊环境——生态位，而且每一个生态位都具备一定的优势。对于企业来说，就是要发现这种优势，打造出强势品牌。

① 更新期的品牌生态对策。在品牌生态系统更新期，品牌生态环境不稳定，表现为消费者需求的不确定性和多样性。这一时期，企业应开发不同的产品试探市场，每一类产品就是一个品牌，品牌的生命周期就是产品的生命周期，企业应确保部分新产品能适应新的生态环境而存活下来，为品牌的成长奠定基础。这时的企业应采取缝隙型品牌战略，也就是要发现自己的生态位并扩充自己的生态位，获得更多的缝隙空间，使品牌在一个小的生态领域中取得优势地位。

② 积累期的品牌生态对策。在品牌生态系统积累期，存在大片未被占据的生态空间，而且品牌生态环境稳定，各品牌个体能很好地挖掘消费者需求并在技术上进一步完善。这时，各个品牌仍应采用缝隙型品牌战略，培养自己的核心竞争力，尤其是要通过规模效应迅速占据广大的未被占据的品牌群落空间，以实现快速成长的目标。一个没有能力与大企业品牌抗衡的中小企业，就不要去充当老虎的角色，要甘心当一只猴子，猴子的优势是灵活。如温州、宁波等地的中小企业，他们的经营思维是“船小不到大海中同大船相争捕小鱼，而是在小河里捕大鱼”。

③ 过渡期的品牌生态对策。在品牌生态系统过渡期，由于消费者追求差异化产品和服务，各品牌个体采取差异化竞争策略，使品牌生态环境动荡不安。此时的企业应针对不同的消费者需求研发不同的产品以占据品牌群落生态空间的不同生态位。如果你的企业处于中间位置，并且经营环境较为动荡，那么应该适时采用骨干型品牌战略。通过小心谨慎的管理其所依赖的分布广泛的资产，包括与业务伙伴分享这些资产所创造的财富，可以利用整个生态系统的创造能力，因为这个系统具有多样性，能对环境中的破坏因素做出创新性的反应。当然，这样的对策主要适合大的灌木林型品牌；对于系统中的小品牌而言，缝隙型品牌战略仍然适用。

④ 稳定期的品牌生态对策。在品牌生态系统稳定期，消费者需求实

现动态平衡，即不断地产生新需求代替原有需求。此时的行业处于一个成熟期，品牌类型的多样性增加，这时的乔木林型品牌可以采用骨干型品牌战略和实物资产主宰型品牌战略，使自己置于生态系统中特有的为数不多的中枢或节点位置之一。采用骨干型品牌战略，可以提高品牌生态系统的生产率；可以加强生态系统的生命力；还可以提高生态系统创造缝隙市场的能力，为形形色色的缝隙品牌提供创新技术。由于稳定期运营环境相对稳定，并且伴随多样性而来的创新问题并不需要优先考虑，即可以通过并购同类品牌企业或接管它们的职能部门，从而直接控制所需要的资产，最终会形成自己的生态系统。

⑤ 蜕变期品牌生态对策。在品牌生态系统蜕变期，原有的品牌生态空间不断变小，直至消失。由于有许多缝隙型品牌企业研发多种新产品以试探新的品牌生态环境并做好进入下一演替环节的准备工作，这时的品牌生态环境开始动荡，一些品牌的基因发生突变，品牌的生态位发生迁移，品牌生态系统中的草本型品牌重新增多，随后成长为灌木林型品牌，最后有一些缝隙型品牌会成长为乔木林型品牌，原有的品牌生态系统被新的品牌系统替代，缝隙型品牌中的个别品牌会摆脱原有的依赖关系，成长为新生态系统的主体（即骨干型乔木林型品牌甚至成长为主宰型品牌），微软的成长就是这样的过程。

本章阐述了品牌生态系统的成长过程及生命周期的进化，通过不断吸引系统内资源的汇集和优化，提升和完善系统生态功能，详细阐明品牌生态系统生命周期的演化过程和品牌生态系统内品牌的战略类型，给出了品牌个体在不同的时期能够采用的不同品牌战略对策。

第6章 品牌各利益相关方协同演化

根据达尔文的生存竞争理论，在自然界内，无论是种群内部各个个体之间还是各个不同的种群之间，以及种群与环境之间的确存在竞争问题。但是，在群落生态系统中还存在着一个重要的基本原理，即在生态系统的进化中存在要素补偿效应，即生物种群间通过相互调节来共同适应环境的变化，其机制是通过生物之间功能的互补和替代作用以恢复或提高环境的整体水平。也就是说，生态系统的进化是种群的协同进化。

生态学中的协同进化是一个物种的性状作为对另一个物种性状的反应而进化，而后一个物种的这一性状本身又是作为对前一物种的反应而进化，而品牌群落的协同进化主要反映在种群内、种群间的品牌竞争与协作。由于产业特征、制度环境、资源禀赋等的差异，不同品牌群落进化的方向与速度有所区别。一般来说，内源型产业的演化速度较慢，而外源型产业的演化速度较快，前者从无到有、从小到大、由链到网、从无序到有序需要一个积累沉淀的生长过程，但一旦形成则该群落具有良好的稳健性；后者是由外地品牌入侵、定居、繁殖、扩张发展起来的，一旦某个著名国际品牌在某区域建立生产或研发基地，则相关配套的产业品牌会迅速跟进，因此，经过短暂的适应，品牌生态系统就可以形成。

6.1 概述

随着我国市场经济的发展，市场环境已经由供给瓶颈型逐步转向需求约束型，买方市场的格局在众多行业中已基本实现。在商品多样化的市场经济条件下，品牌逐渐成为消费者选择产品的重要指标之一。因此，企业越来越重视对品牌营销战略的运用，我国先后涌现出一大批知名品牌。然而，我们应该清醒看到我国品牌和国际品牌相比还存在较大的差距。很多品牌虽然家喻户晓，却因为得不到消费者的认可，不能给企业带来持续的利润和竞争力，甚至很多名噪一时的国产品牌突然坠入低谷、销声匿迹。

现代商业关系日益复杂，尤其是先进的互联网技术已经使企业股东、供应商、承包商甚至是其他企业产生了协作的关系。据统计，截至2005年，有 70% 的 IT 品牌已经超越了企业的界限，上升至合作联盟。

6.2 品牌生态系统与品牌环境协同演化

我们知道，最长寿的物种一定是那些最有利于周围生态的物种。同样，最长寿和最健康的品牌一定是最有利于周围生态环境的品牌，特别是适应未来的商业生态环境变化的品牌才能长盛不衰。

品牌生态环境是一个复杂的有机体，它是在品牌生态系统理论的基础上从动态的角度阐述如何建立品牌关系的。一般来说，品牌生态环境的成员也包括品牌的“第三方”拥有者或影响者，即利益相关者。除了顾客，品牌还需要同“第三方”包括策略伙伴、公司内部员工、股东和分销渠道、金融机构甚至包括了竞争者或整个政治、经济、社会环境进行沟通，提高品牌在社会环境、市场环境、营销环境、科技环境等经济意义上的各种环境要素的影响力、协调能力，从而实现经济效益、社会效益甚至人类共同利益的协调与平衡，提高品牌的根植性。

从图 6-1 中我们可以看出，在品牌与环境发生关系的催化循环中，每一个品牌都是通过自身的产品群、企业资源和顾客、人力资源等的更新主宰着自己的自催化循环；同时，它又与环境进行物质与能量、信息的交换。因此，某一个品牌对环境的作用会影响到同类的其他品牌，这样，这一品牌自身和商务生态环境的相互作用意味着在整个商务生态环境系统中发生交叉催化循环。这种交叉催化循环的生成将会波及系统中所有企业的品牌及其所有周边环境甚至邻近的其他品牌生态系统，最终又会反馈到品牌自身。

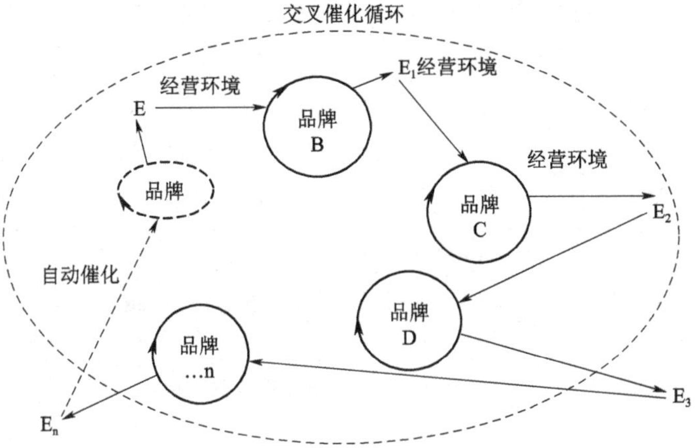

图6-1　品牌物种与生态环境的协同进化关系

在全球经济一体化的今天，绝大多数世界级品牌通过相关行业、上下游的供应商或销售商及行业内竞争等关系，使其整个商务系统构成了一个有着准功能特征的生态环境体系。在这个生态环境体系中，任何一家企业的生存和发展都是必须依靠其他相关企业或组织或大多数其他行业组织的生存和发展。

例如，微软作为全球最大的软件公司之一和最有价值的企业品牌之一，通过自己的产品和技术，为系统内的其他成员提供可以利用的“平台”——各种服务、工具或技术和商业解决方案，帮助企业提高其生态系统的整体竞争力，开发新的数字化家用技术和娱乐方式，促进移动技术的发展，从而提高其品牌在品牌生态系统的影响力。

从区域经济发展的可持续性来看，一个品牌一旦建立，具有广泛的社会根植性，将会带动其品牌生态系统的整体越迁。我们从图6-2可以看到，我国品牌培育极不平衡，地区之间差异巨大。以品牌集聚苏、沪、杭所在的华东地区而言，区域经济的综合实力相对较高，说明品牌生态环境发育较好的区域与该区域品牌数量和价值存在一定的正相关性。比如，近年来由于各省（自治区、直辖市）分别加快实施品牌战略，品牌培育步伐较快的上海、广东分别以 110% 和 160% 的增幅名列前茅。然而，品牌生态系统时代要求前瞻性、整合性、协同性，而地区间和省（自治区、直辖市）间品牌生态环境发育严重失衡将是对本土品牌发育的桎梏。

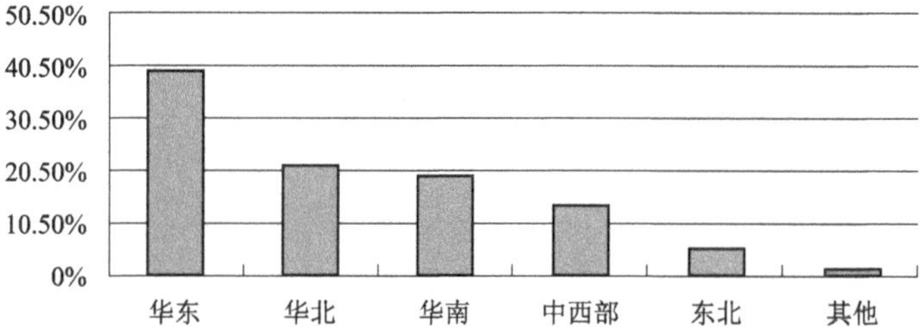

图 6-2　中国最具有价值品牌分布

6.3　品牌与产品生命周期的协同演化

6.3.1　品牌生命周期与产品生命周期的关系

美国市场营销协会认为品牌首先是一个产品标识，这个标识提供了与其他产品相区别的特征，是品牌的外在形式，其组成成分叫作品牌要素。然而，品牌的差异除了与品牌要素相关外，必然与产品的差异相关联。顾客通过不同的品牌认知不同的产品及其价值，这才是品牌的真正含义。品牌的差异实际上来源于产品的功能性价值和附加价值。

菲利普·科特勒在 1999 年版的《营销管理》一书论及品牌产品生命周期理论时指出：品牌产品显示了最短的产品生命周期历史，但有的品牌经久不衰可以利用其来命名新产品。本书认为，如果品牌频繁用来命名新产品，那么产品的生命周期与品牌生命周期之间关系就很清楚了。品牌生命周期并不总是按一般规律发展，由于各种各样的原因而导致品牌生命周期发生异化现象则是不可避免和经常发生的。它们的关系见图 6-3。

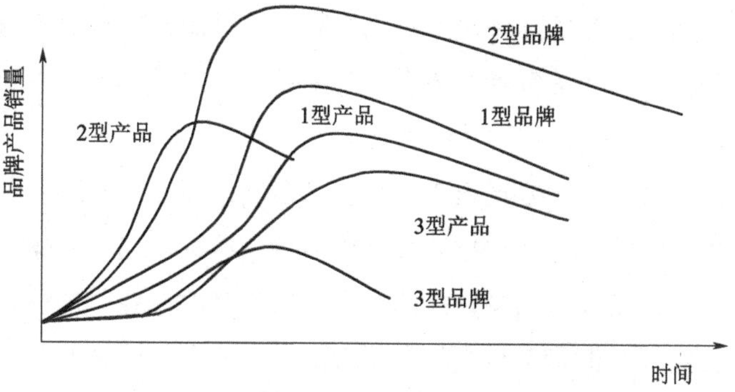

图 6-3　品牌生命周期与产品周期的关系

在品牌表现为形式 1 时，品牌的生命周期和产品的生命周期运动步调一致，品牌成为产品的象征。当产品衰退时，品牌也随之逐渐消失。这时，一种产品就等同于一个品牌，产品的生命周期就是品牌的生命周期。

在品牌表现为形式 2 时，当产品逐渐被淘汰而品牌如日中天，由相关的新产品替代它有相当大的可能性。当一个具有良好基础的品牌因产品或市场需求等原因而逐渐衰退时，品牌可以由新产品获得重生。比如日本的索尼公司，最初生产的产品早已不为人知晓，但其品牌依然存在。索尼公司最初是家电产品品牌，现在索尼品牌介入了诸如电影、家庭游戏、多媒体等新兴的数码行业。再如海尔公司，海尔品牌最初为电冰箱品牌，现在海尔品牌已经深入到家电产品的所有领域及 IT 产业领域。

在品牌表现为形式 3 时，当某品牌“根基不牢”、市场基础不好，它便不能进一步支撑产品甚至阻碍产品的生产和销售，品牌先于产品生命周期而衰退，旧品牌的淘汰和新品牌的产生便成为必然。例如，天津的“可耐”、北京的“雪花”等倒闭或被兼并的电冰箱厂的品牌，电冰箱产品还未进入衰退期，但这些品牌的生命周期已经终止。

6.3.2　品牌与产品生命周期的协同演替

一般而言，企业的产品都要以某一品牌的名称出现在市场上，该产品的品牌的名称可以是公司自行注册、收购或以合作等合法形式使用其他公司的品牌名称进入市场。在新产品刚刚进入市场阶段，消费者直接接触到的是产品，而该产品的品牌只不过是产品的符号而已，消费者对品牌没有任何的体验。品牌在消费者看来只不过是一个名字、标志、色彩、标语或标记，而品牌所能表达出的其他含义诸如属性、利益、价值、文化、个性、使用者身份等含义并未体现出来。品牌的本质，即品牌的所有者向消费者持续传递的特定的特性、利益和服务等内容，消费者也不能体验得到，消费者能体验到的仅仅是产品自身的特性，如产品的包装、外观、功能、性能、经济特性等。消费者对产品和品牌的了解来自于厂家的广告宣传或口碑，而这些了解仅仅是浅层，消费者能够做到的只能是尝试购买及将产品与产品的品牌符号等同起来。

消费者购买某品牌的产品使用后对该产品有了某种体验，消费者可能体验到该产品独特固有的质量特性和附加特性，如该产品经久耐用、经济实惠、维修方便、生产厂家服务周到等。随着消费者对该产品使用体验的积累和生产厂家通过各种渠道向消费者传递生产厂家的产品设计理念、价值观、企业文化等，消费者不仅对该生产厂家的产品有了更直接的了解，也对该产品的生产厂家有了更深的了解。例如，电冰箱的厂家不仅宣传自己的产品如何经久耐用、方便使用、省电及服务周到，而且宣传自己的产品环保，以及企业热心公益事业，强调公司的社会责任，让消费者感觉购买该厂家的产品不仅产品自身物有所值、生产厂家处处为消费者着想，而且感觉购买该生产厂家的产品也为环保和社会公益事业做了贡献，消费者的体验在精神层面上得到了升华。再如，药品生产厂家不仅宣传其药品能够治什么样的疾病，而且宣传该生产企业的制药原理、生产过程，以及该企业制药的价值观和企业文化，消费者使用该企业的药品不仅安全、放心，而且感觉制药企业对自己有关爱。这样，消费者不仅体验了药品的自身价值，还体验到制药企业的价值观，以及制药企业向消费者承诺的责任。又如，圆珠笔诞生之后，由于圆珠笔方便、经济实惠，消费者纷纷购买圆珠笔而舍弃钢笔，钢笔的价格一降再降，钢笔的价格在美国曾一度下降到平均价格 75 美分，但仍处于无人问津的尴尬局面。但是，钢笔的生产厂家改变宣传的策略，强调钢笔为行政用笔，是奢侈、权力、身份的象征后，钢笔的价格开始上升且销量也开始上升。1980年，美国的钢笔平均价格达到3.5美元并继续上升。1988年，一枝Mont Blanc Masterpiece Diplomat品牌的钢笔零售价为280美元，而一枝Waterman Le Mans 100 Briarwood品牌的钢笔价格为400美元，仍然有人购买。此时，人们购买的不仅仅是产品的功能，还购买了品牌的附加价值。因此，在此阶段消费者体验的不仅是产品的功能，而且是产品包含的价值。随着品牌的日益强大，在一个品牌下出现了产品群。例如，海尔公司在“海尔”的品牌下提供从电冰箱、洗衣机到电视机、计算机等在内的产品群。品牌价值在其他产品种类的成功移植，增强了品牌生命力。此时，消费者不仅视品牌为产品的名字、标志、色彩、标语或标记，而且还视其为属性、利益、价值、文化、个性，以及品牌拥有者向消费者持续传递的特定的特性、利益、服务、价值观和文化等诸多品质。品牌与其表征的原始产品种类特性发生了分离，即表明产品的品牌可以脱离产品而独立存在，品牌有了其自身独立存在的价值。这种关系的产生是随着技术的变革、时尚的变化及需求的转变而来的。任何产品都有市场寿命，即产品生命周期现象。品牌可将原来的无形价值赋予后继的新产品，使新产品能够体现原有的价值。品牌可以命名一种产品，也可以命名很多产品。品牌经营可按产品生命周期规律建立品类产品结构，品牌价值在“销售一代、生产一代、研发一代、构思一代”的良性循环中得以实现。如图6–4所示，品牌是自我实现的概念，具有长期战略性，因此，品牌生命的发展目标和产品生命的发展目标不同。表现形式上，品牌的生命周期是传播、维护、完善品牌现象乃至企业形象的，而产品生命周期是产品销售量和利润增长的变化率增减。从图6–4中，我们还可以得出：产品生命周期不仅从属于品牌生命周期，而且产品生命周期具有独立性，产品生命周期各阶段中的营销策略可直接影响品牌价值的提升，即品牌生命周期，因而，产品生命周期制约品牌生命的发展；另一方面，品牌利用自身的知名度和市场影响力命名新产品时，可使产品快速进入成长期，进而利用品牌优势延缓产品衰退期的到来。

总之，产品生命周期从属于品牌生命周期，它们之间具有相互制约的关系。

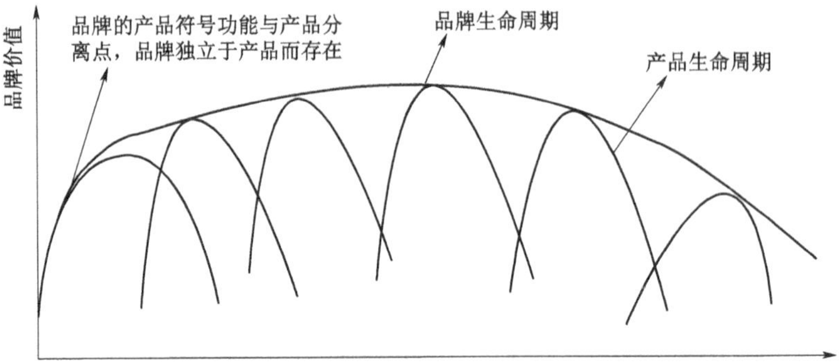

图 6-4　品牌生命周期与产品生命周期的协同进化示意

6.4　品牌与相关品牌之间的协同演化

根据达尔文生的生存竞争理论，在自然界内，无论是种群内部各个个体之间还是各个不同的种群之间，以及种群与环境之间的确存在竞争问题。但是，在群落生态系统中还存在着一个重要的基本原理，即在生态系统的进化中，负相互作用不断减少而正作用却趋于增加，从而缓和了种群的生存压力。在生态系统中存在着要素补偿效应，即生物种群间通过相互调节来共同适应环境的变化，其机制是通过生物之间功能的互补和替代作用以恢复或提高环境的整体水平。也就是说，生态系统的进化是种群的协同进化。一个种群的进化可能会改变作用于其他种群的压力，从而引起其他种群的适应性改变，而这种改变将会引起相关种群的进一步改变。因此，两个或更多的种群进化常常是相互影响，形成一个相互作用的进化系统。

根据协同理论，在系统进化过程中，系统内部要素及相互之间存在着协同行为，认为一个生物群落是在很长时期内作为一个整体一起进化的。生物群落作为一个整体，较短时期内的迅速演化被漫长的、物种演化速度较缓慢的稳定时期隔开。生物集中迅速演化的时间要小于稳定时期的10%，在剧烈演化的短时期内会有70%的物种从一个地区消失并从原有物种中进化出新的物种；同时，一些从其他地区迁徙来的群落也定居下来。

协同理论的实质是生物种群与群落中其他生物种群在进化过程中既相互竞争、相互制约又相互协同、相互受益的过程。生物种群之间通过竞争，各自获得所需资源，以求得自身的生存和发展；通过协同，相互利用、共同生存、节约资源，求得生态系统的平衡和持续发展。

我们应该注意到，自然界中许多协同进化的现象往往是从你死我活的敌对关系中逐渐转化而来的，甚至协同进化本身也表现为激烈的竞争。例如，人类祖先最初以猎取野猪、野马等为食，而在猎取过程中存在很大的危险；后来，人类祖先改变了这种方式，把捕获的野猪、野马等喂养起来并和它们努力建立一种互惠互利关系，最终使这些野生动物被驯化，为人类提供稳定的食物来源或狩猎的工具。自然界中，掠食者和被掠食者之间的协同进化表现为剧烈的竞争，掠食者为了捕食而进化出独特的捕食功能，被掠食者为了逃避掠食者而进化出独特的生存本领，在掠食者与被掠食者剧烈的竞争过程中两者同时协同进化。

人类学家格雷戈里·贝特森认为，系统、公司、团体和家庭内的行为都是共同进化行为，协同进化是一个比竞争合作更为重要的概念。在品牌群落中也是如此，随着市场竞争日趋激烈，品牌创新越来越难，许多企业通常的做法是模仿别人的品牌，然后进行同质化的竞争，这样势必造成品牌种群之间的恶性竞争和血淋淋的价格战。由于单一品牌没有定价能力，胜者只能维持微薄的利润，败者只有出局一条路可走。长期势均力敌的争斗，结果只会使自己的资源枯竭，难于应付下一轮的竞争和创新。

进入20世纪90年代以来，产品的生命周期越来越短，技术研发的难度和资金投入的规模却在日益增加，对品牌的市场反应能力的要求也越来越高。由于品牌自身资源的有限性，以及技术研发结果的不确定性，导致任何单一品牌都很难非常迅速地响应市场的变化。正是由于技术进步和研发结果的不确定性加剧了品牌间的竞争，而竞争的激烈导致品牌间希望通过某种程度的合作来加强自身的竞争实力，以实现协同进化。另一方面，由于消费者需求日益复杂化、离散化，要想建立一个有利可图的“盈利行业”，在竞争中生存与发展并树立稳固的优势地位，就不得不与其他品牌甚至是过去的竞争对手合作，共同激发消费需求、共同开发市场甚至是共同防御替代品牌的威胁，从而实现各有侧重、各有特长的特色经营。正是在如此复杂、激烈的竞争环境中，品牌通过一定程度的合作和资源共享来寻求竞争优势已成为一种趋势，世界已进入利益共享的合作竞争时代。众多国际著名品牌都认为，衡量一个品牌在行业中是否处于领导地位的标准之一就是看该品牌是开放式经营还是封闭式运转。许多有远见的品牌管理者也认识到，只有协作才有可能最大限度地发挥品牌自身优势。当然，品牌的协同并不会凭空产生，只有经过恶性竞争之后才能感悟协同竞争的重要性。因此，协同竞争观已经成为许多品牌的战略新意境。

6.4.1 不同类型品牌群落间的协同

不同类型品牌群落是指品牌种群中的成员不存在直接的竞争，双方能够相互协同与合作，优势互补，但又不如具有营销网络或特定的采购战略联盟那样协同流畅。一般来讲，这种协同与合作的品牌生态群落，其品牌产品具有关联性与互补性。最典型的案例是英特尔公司和电脑制造商之间的协同与合作。

1989年以前，CPU芯片制造商直接向电脑制造商和电脑设计工程师们推销产品，而不直接面对最终的消费者。由于芯片在个人电脑中起着举足轻重的作用，英特尔公司的营销部经理Dennis Carter决定公司有必要采取更好的方式与最终消费者沟通。Dennis Carter努力想找到一种方式来达到这个目的，但在两年的时间里，公司尝试在CPU系列产品上采用传统的“伞形”标识时却遇到了困难。在“386”和“486”的商标保护战失利后，Dennis Carter提出使用“英特尔芯”的标识。这种品牌合作的方案很快得到了广泛的支持，开始是电脑制造商，后来消费者也非常认同。由英特尔公司分担营销资金，戴尔公司和康柏公司等合作者都在广告中添加了英特尔的标识。由于消费者对芯片品牌认同，也希望电脑使用英特尔芯片，这样的合作令电脑制造商们得益匪浅。到目前为止，2700个被授权使用“英特尔芯”标识的电脑制造商在这个广告宣传项目上已经花费了70亿美元。

这种要素组合的品牌合作，成功的关键是要素必须非常独特，要么是得到保护的专利产品，如 NutraSweet（糖类代用品），不含卡路里和莱卡；要么是占有绝对优势的品牌，如曼越莓市场中的优鲜沛公司。由于消费者需求的存在，即使现在大多数产品的包装上已不再标明使用 NutaSweet，但 NutraSweet 依然是众多产品的组成成分。

6.4.2 相关类品牌群落间的协同进化

生物的捕食活动对于捕食者被捕食者都是一种强有力的自然选择过程：捕食者为了获得食物必须捕获猎物，而被捕食者为了生存就必须具有逃避捕食者追赶的能力。狮子为了捕获羚羊就要比羚羊跑得更快，而另一方面，羚羊为了不被捕食就要比狮子跑得还要快。这样捕食者和被捕食者的每一次进化都会作为一种进化的动力施加于对方，从而促使对方也发生相应的进化，最终导致整个系统的协同进化。

相同类型品牌群落间的协同进化，从价值链角度看，品牌向下游延伸到营销网络和消费者，并且平行扩张到互补型产品的生产商品牌，以及知识、技术或共同投入联系起来的其他品牌。在同一条价值链上，一个品牌的进化可能会改变作用于其他品牌的选择压力，从而引起相关品牌的进化，而这种变化又将引起另一关联品牌的进化。故此，两个或多个品牌的自身进化常常相互影响，这样就形成了一个互相作用的协同进化价值链，包括供应者、投资者、生产者、销售者、消费者、竞争者、互补者和相关的政府机构等。还可以通过选择与自身形象和品牌定位一致的上下游厂商，进行业务合作、广告合作、联合传播等协同运作活动，在消费者的认知领域内建立一个强大的“品牌集合”，从而实现业务的共赢和品牌的延展。

价值链协同进化模式的成功在于它有效地整合了整个价值链，从上游的原料供应者到中游的产品生产者再到下游的产品销售者，层层相关。每个环节都是合作的关系，从而使每部分都能相互依靠，更大规模的发展。一个合理、明晰的利润分配模式可以调动各方的积极性，这样一个各方得益的模式使得链条上的各方形成了一个利益共同体。一个品牌，既可以与上游品牌协同进化，也可与下游品牌协同进化。

与上游品牌协同。由于企业的增值链中供应过程占有较高成本，因此，供应链的动态互连至关重要。如摩托罗拉公司面对产品市场的变化无常，制订了一套与供应商共享结果的方案，要求供应商把产品库存水平保持在要求的最高和最低水平之间。例如，摩托罗拉把自己的信息系统和供应品预期需求信息一起接通给供应商。其实施结果是：摩托罗拉的采购人员减少了30%左右，供应商不需配备人员来分析摩托罗拉的计划库存。这些举措不仅使周转速度加快、提高了系统的有效性、产品计划更加详细、供给系列零部件的供应商降低了成本，而且使摩托罗拉的供应商更好地配置了这些设施资源。

与下游品牌协同。在通信产业中，通信运营商居于产业链的上游，随着通信技术的快速发展，处于上游的通信运营商必须与下游的通信企业紧密的合作才能够推动整个产业链的健康发展。例如，中国联通为了推动CDMA的产业化，通过大规模采购下游手机厂商的CDMA手机来扶持手机厂商，持续半年的“预存话费送手机”活动大大促进了消费者对CDMA的认同。

相同类型品牌群落间的协同进化。从战略联盟看，在现代市场竞争态势的推动下，全球化的现实和发挥核心竞争力的要求刺激了品牌的合作，特别是国际品牌合作的深层次发展。其潜在资源在垂直方向上的合作，在整体利益一致的前提下，建立基于品牌价值链的品牌联盟。品牌联盟是依靠品牌、商标、信誉等现代知识经济为特征的经营模式，是协同进化最彻底的表现形式。其主要表现为企业通过有选择地与其上下游品牌企业分享和交换控制权、股权、资源、进入市场的机会、信息和技术等形成的特定协作关系。联盟内部在生产、销售、管理等方面密切合作，对外则统一口径、加大竞争力度。企业借助知名品牌，建立广泛市场的同盟体，实现共同开发市场的目标，共同分享市场利益。企业还可以借助品牌，将制造生产环节转移给更具专业化生产能力的企业来完成，就能用更多的精力从事技术创新、产品设计与市场开拓等工作。

联盟内各个合作者分享特定的行业资质，同时也相互开放在先前不可能获得的消费者资源。例如，雅虎公司和SBC通讯公司进行的品牌合作，使分享的价值链更短、更强大。这项交易将雅虎公司的品牌、高速的网络门户服务和SBC通讯公司的电话网络、技术优势整合起来，共同开发数据网络市场，配合了雅虎公司的新战略，使利润来源多元化，降低其对广告收入的依赖。

6.5 品牌生命周期与企业生命周期的协同进化

尽管有许多企业生命周期的定义和衡量标准，但企业生命周期的本质是企业的能力生命周期。任何一家企业从诞生到死亡或蜕变，都伴随着企业能力的形成、成长、成熟、僵化、衰退。企业再造和企业蜕变的本质是企业能力的再造和企业能力的蜕变。企业一般要以某种形式和某种品牌向消费者提供产品或服务，品牌最初作为区别于其他企业产品或服务的符号、标识而存在，而品牌的其他功能和品牌生命是随着企业的能力的形成、成长、成熟而被逐渐赋予的，也会伴随着企业能力的衰退而僵化。企业要保持其品牌的生命力必须不断赋予品牌新的生命力。如果企业能力僵化，不能及时再造或蜕变，企业品牌所拥有的生命会衰弱，最终难逃被收购或淘汰的命运。因此，企业的生命周期影响着品牌的生命周期并与品牌的生命周期协同进化。

① 企业诞生阶段，其生命力弱小，各种生存能力都很有限。在这一阶段，企业提供的产品和服务单一，产品和服务的影响范围有限，尚未建立全方位的市场营销系统和售后服务体系；企业对消费者需求的识别能力、技术研发和产品化能力差，满足消费者的能力较低；企业也没有足够的资源宣传自己，同时以价值为核心的企业文化还没有形成或还没有在企业范围内形成共识。因此，此时的企业品牌只能作为产品的标识或符号存在，不含有企业特有的价值观或企业文化，也不能通过品牌与消费者建立某种关系。

② 企业进入成长阶段后，企业的各种生存能力得到提高。企业提供的产品和服务数量种类增加，以价值为核心的企业文化正在逐步形成；同

时，随着购买企业产品的消费者数量的增加，消费者对企业产品的体验也在增加，特别是消费者的重复购买行为会对这种体验加分并对这种体验不断积累。另外，随着企业对其产品、企业自身的宣传力度增加，尤其是从宣传其产品特性到宣传其品牌、企业倡导的价值观和企业文化更多的注入品牌，不仅让消费者体验了企业产品特性，还让消费者体验了品牌中包含的文化价值。除此之外，在企业的市场营销过程中，企业还与消费者建立起某种关系，这种关系着重强调企业对消费者承诺的责任、义务。因此，此时的企业品牌不再只作为产品的标识或符号存在，还有企业特有的价值观或企业文化包含在内。通过品牌与消费者建立某种关系，让消费者感觉购买某种品牌就意味着与企业建立了某种关系。

③ 当企业处于成熟阶段后，企业各种能力已经完全成熟。在此阶段，企业提供的产品和服务呈多样化，影响范围达到空前地步，全方位的市场营销系统和售后服务体系已完善；企业对消费者需求的识别能力、技术研发和产品化能力不仅能满足消费者的一般要求，而且还能满足消费者的个性需求；以价值为核心的企业文化已经形成并在企业范围内形成共识。此时，企业的品牌已不仅仅是表征企业产品特性的符号，而是具备了品牌的所有特性——品性、个性、文化、关系、使用者形象、消费者自我形象。企业除与消费者建立起某种关系之外，品牌还赋予消费者某种个性、品味、身份、形象、文化等。例如，穿某种品牌的服装赋予穿着者具有某种个性、品味、形象。因此，企业通过品牌与消费者建立了某种互动关系。一方面，企业努力营造品牌鲜活的个性；另一方面，具有个性的消费者也通过企业品牌营造自己鲜明的个性形象。企业开始进入品牌成熟阶段，一方面，企业将品牌核心价值延伸到企业的其他产品身上；另一方面，企业通过合资、特许经营、连锁等形式，允许其他企业使用自己的品牌以扩大影响力。此时，企业的品牌既作为企业的无形资产存在，又作为独立于产品之外的、具有某种生命力的东西而存在。

④ 当企业处于衰退阶段时，企业提供的产品和服务虽然呈多样化，但逐渐失去个性和竞争力，产品和服务的影响范围仍然非常广泛，但其影响力逐渐下降。虽然全方位的市场营销系统和售后服务体系完善，却已缺

少灵活性；企业对消费者需求的改变反应迟缓，缺少创新力；以价值为核心的企业文化僵化，缺少对消费者需求的倡导力、引导力和影响力。在这种情况下，企业要想长期保持品牌的生命力就必须对企业能力再造，创新赋予品牌核心价值。例如，百事可乐公司在 20 世纪 60 年代针对可口可乐全方位定位的形势，毅然改变传统方法，确定“新一代的选择”主题，通过种种方式接近青年消费群，使其品牌在年青一代中的地位日益提升。企业还可以通过更新品牌形象、加强广告宣传力度增强自己企业的影响力等。但是，保持企业品牌生命力的最根本还是企业能力的更新，企业通过组织、技术、知识、文化等再造增加企业技术创新、组织创新、管理创新能力，以确保企业的品牌对消费者持续的吸引力和影响力。企业生命周期与品牌生命周期协同演化过程如图 6-5 所示。

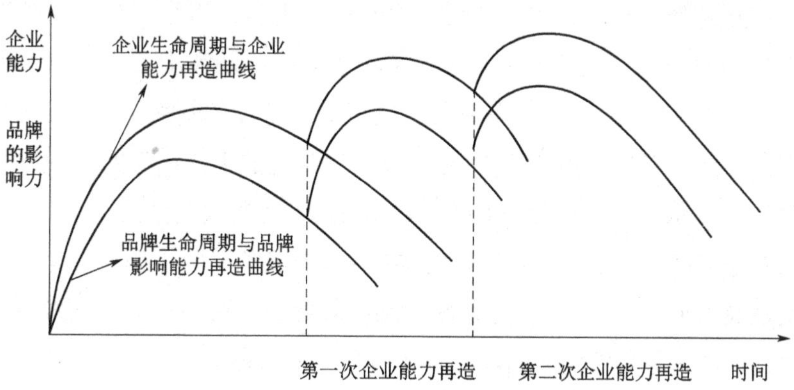

图 6-5　企业生命周期与品牌生命周期协同演化过程

6.6　品牌生态系统与质量生态系统的协同演化

6.6.1　品牌的生存质量价值观

确立品牌物种的健康的生存质量价值观是品牌生态系统中质量文化价值体系研究的基本出发点。品牌物种要想健康生存和可持续发展，就必须超越传统的价值观，建立健康的生存质量价值理念，以阻止品牌物种与环境、主体与客体的相互对抗和相互毁灭，指导品牌物种按照生态规律重新安排品牌的经营活动，并且对其健康生存和可持续发展及品牌物种所处的商业生态环境质量承担必要的社会责任。

品牌生态质量价值观强调品牌经营应该为尊重并提高自身生命质量和自然界中环境质量尽自己的道德责任和义务。品牌所在组织要以自己组织的能动作用来增强品牌的自组织进化，促使品牌质量价值向高度提升和广度扩展。

6.6.2 品牌与质量的协同演化

在某机构某次问卷调查中，当问到"你认为什么是名牌"时，被调查者中有 90.16% 的人认为是"产品质量好"。从国家统计局中国行业企业信息发布中心 2002 年对 80 种消费品调查的结果来看，名列销量前十位品牌的市场份额高达 60%。其中，排在前十位品牌的家电类市场占有率为 81%、服装类市场占有率为 40%、食品类市场占有率为 60%、洗涤类市场占有率为 60%，国产名优品牌的市场占有率服装类为 83%、家电类为 75%、洗涤类为 56%，著名品牌的电视机的市场占有率高达 85%、非知名品牌的市场占有率仅占 15% 左右，部分销售量前十位品牌的市场占有率如表 6-1 所示。从上述调查的结构可以得出两个重要的结论：消费者认为的名牌与名牌"产品的质量"是等同的；抛开其他要素不提，至少对于中国的消费者而言，"产品的质量好"是消费者选择购买的主要要素，否则的话，无法解释名牌产品的市场占有率会那么的高。由此可见，名牌与名牌产品的质量有着必然联系，品牌产品质量的好坏是品牌生存和发展的基础，是消费者接受企业品牌产品的关键，更是企业创造品牌的先决条件。

表 6-1 部分前十位品牌的市场占有率

名称	空调	电饭煲	冷柜	微波炉	饮水机	传真机	香烟	奶粉
市场占有率（%）	66	70	90	90	70	80	60	60

有关名牌与名牌产品的质量的关系及以质量为中心塑造名牌的文献众多，但从品牌与质量协同进化的角度审视品牌的演化过程的文献却很少。

在此，我们尝试分析品牌与质量协同进化的规律。

① 品牌产品生产过程中的质量系统。从品牌的起源来看，品牌诞生之初就有质量功能。例如，1266年的英国通过一项法令，要求面包制造商们把他们的标记做在每一个出售的面包上，“如果任何一个面包在数量上有误差，也可以知道是谁生产的”；如前所述，金匠和银匠也被要求在他们的商品上打上他们的签字、个人符号和金属的质量标记。从该项法律来看，品牌就具有质量功能。首先，品牌可以起到质量最基本的“标识”和“追溯”功能，如果消费者发现购买的面包或金银器具的数量与所标识的重量不符，可以凭借产品上的“标识”寻找到生产的作坊。其次，“标识”本身也是一种“质量”承诺，工匠们向其消费者承诺“品牌产品的重量与标识的重量一致”。最后，“标识”可以与消费者建立某种信任关系，即“让消费者相信从本店购买的面包或金银器具与标出的重量一致”，如果没有标出重量就难以判断消费者购买的面包或金银器具的重量是否满足要求，毕竟那时还不存在“产品标准”。如果消费者购买的面包或金银器具与所标识的重量一致的话，购买该面包或金银器具的消费者就会相信工匠们的承诺。久而久之，工匠们就会与其消费者建立某种信任关系。因此，最早的品牌本身除产品的符号、标识功能之外就具备了某种“质量”保证功能，可以说品牌的起源与质量有着天然的联系。

现代经济条件下的生产过程是复杂系统集成过程。现代产品已经很少由一家厂商在本组织系统内部独自完成从产品的原料制备到最终产品出厂的整个生产过程了。尤其是在当今信息技术和物流体系成熟的经济环境中，生产过程体系已经演化成为具有广泛联系特征的网络型复杂系统，每家厂商在这个系统网络之中只承担自己最擅长承担的那一部分工作，原料制备是如此，零件制造是如此，部件组装也是如此，整个最终产品的生产更是如此。处在现代生态环境中的品牌物种与生态环境要素之间的系统边界已经难以明确划分，品牌物种自身的经济利益是与其利益相关方的利益纠缠在一起的共生关系。所以，现代产品被称为“产品价值链”，品牌也被称为“品牌价值链”。在质量集合中与品牌价值链相对应的就是质量链。品牌质量链是指构成品牌整个质量过程的全部质量环节的系统集合。

“在欧洲制造福特护卫者型号伊斯柯特牌汽车的情况，使多边的和相互关联的贸易关系的重要性引人注目。护卫者汽车配件的供应商来自世界各地。对其中的许多组成部分还可以画出类似的画像：铝合金可能用含有来自牙买加的铝土矿的矿产品制成，铬板可能用来自南非的铬制成，制作线路的铜则可能来自智利。”不仅如此，现代经济环境中汽车的生产过程体现出的专业化分工的内涵更为深刻和细致。这种专业化分工无疑降低了生产成本，使得某些生产环节向成本低廉、技艺专精的部门、行业、地理区域或知识领域转移，使得原本在厂商内部的上道工序与下道工序、上个车间与下个车间、上个部门与下个部门之间的企业内部的行政和物流的线性协作关系转变为厂商内部的各系统环节与企业外部的诸多供应商之间的供应、采购的网络系统的整合关系。所以，在现代经济、技术、市场和人文环境条件下，现代化的汽车品牌质量的保证，表面看起来仅仅只是整车系统的整合、配套；而实际上，此汽车品牌质量本质上体现在产品设计和市场营销这样处在市场“一头一尾”两个阶段之中及对系统中间过程的整合能力上：表现为企业对于消费者需求的敏锐感知和正确识别的能力，表现为企业设计和运作质量过程使消费者的需求转化为消费者满意的能力，表现为品牌生态系统整合复杂网络的质量环节的组织整合的能力，表现为品牌内涵对于市场整体把握和具体运作的能力……总之，品牌的质量最终内化为在市场中能够被消费者识别和认同的、由品牌的综合能力凝聚而成的、最终体现品牌核心价值观念的品牌形象。故此，品牌质量链的概念就不仅仅局限于企业系统内部。由于许多质量环节并不“行政”隶属于企业系统，已经超出了“领导”行使组织权力的范围，所以，企业通过组织行为已经不足以对品牌产品的整条质量链实施有效的控制。其含义是现代企业制度本质上已经演化成为权利主体之间契约集合的“联盟”关系，是品牌种群在生态系统内部对于质量交易对象的评价和筛选机制的管理。品牌质量的运营，不仅包括全面质量管理 TQM 过程，而且还包括对于整条质量链上的各个质量环节系统的整合过程。从这样的认识基础看，就不难理解现代品牌的质量价值链已经发展为关系品牌在品牌所在商业生态系统的环境中生存和发展的质量经营阶段了。

② 品牌核心价值与品牌质量价值理念的协同演化关系。品牌不仅仅是一个名字、标志或标记，而是一个更为复杂的复合系统。品牌可以表达产品的质量属性，品牌向消费者持续传递特定的质量特性、利益和服务，即从承诺保证品牌满足质量标准到承诺保证满足消费者的要求。

适应性质量虽然能够满足消费者的要求，但由于消费者要求的多样性和个性化，满足消费者的要求并不能保证消费者满意。随着社会的进步，除了消费者的要求之外，还逐渐增加了相关方的要求。实际上，品牌产品不仅要符合技术标准的要求，即符合性；同时，还必须满足消费者的要求适用性和社会环境、员工等相关方的要求。质量评价的对象也从产品扩展到过程、体系等所有方面，质量的概念从适应性质量演化到消费者及相关方满意的质量阶段。然而，满足消费者的要求与使消费者满意有着很大的区别，消费者的要求或多或少带有客观性，毕竟生产企业还可以在一定程度上识别消费者要求，而消费者满意则完全是消费者的主观感受。消费者的主观感受往往受消费者的经济条件、经验、文化、偏好等非客观性因素的影响，同样的品牌产品，消费者的感受可能完全不同。因此，在消费者和相关方满意的质量阶段，品牌的概念演化为“消费者对品牌产生的认知或感受”，即品牌首先是反应不同企业及产品之间差异的标志，然而，品牌代表的差异和特征并非取决于企业和产品本身客观存在的差异和特征，而是取决于消费者对品牌的认知。例如，中国汽车行业2007年度消费者满意度指数为753分，比2006年提高了4分。分析结果表明，2007年消费者满意度指数的提升明显得益于消费者感知价值的提升，轿车价格逐渐趋近国际价格水平给消费者带来了价值，提升了满意度。品牌的总体的质量评价与消费者的满意度概念是一致的。在消费者和相关方满意阶段，品牌质量向消费者持续传递的是消费者和相关方满意的特性，这种满意不仅仅是产品和服务满意，也包括过程的满意，品牌向消费者承诺的是让消费者和相关方满意。当然，品牌质量的概念也演化为企业的卓越，而不仅仅是品牌产品或服务本身。

应该注意的是：由于社会、经济、文化发展的不平衡，行业演化不同的阶段，消费者的经济条件、经验、文化、要求、偏好的差异，质量的概念在不同的国家或不同的地区及不同的消费者群体中的演化进程也不相同。消费者对质量的理解、认知存在相当大的差异，这种差异不是简单地“制订或颁布某个统一的标准”就能解决的问题。同样，品牌也存在类似的问题。比如，发达国家的质量概念已经演化到消费者满意和相关方满意的阶段，而发展中国家的质量概念演化可能还处于符合性质量阶段或刚刚演化为适应性质量阶段。再比如，我国大城市的质量概念已经演化到适应性质量阶段，而我国农村的质量概念可能处于符合性质量阶段，农民能够买到合格的化肥、农药、良种就心满意足了，不会也不可能奢望良好的售后服务，更不可能关心生产过程的质量。同样，不同的行业演化阶段质量的概念可能也有所不同，新兴的行业与传统的行业相比有关质量的概念也有所不同。总之，品牌与质量的演化存在着协同性，品牌概念的内涵随着质量概念的演化不断得到充实和发展。

6.7 品牌生态系统绿色健康演化案例

人们通常把沃尔玛和微软这两大品牌在现代商业中的主宰地位归因于多种因素——从公司创始人的远见和魄力到公司大肆竞争的做法。然而，这两大迥然不同行业的品牌能够取得今天的领导地位，根本原因在于某种远远大于企业本身的东西——它们各自商业生态系统的成功。

6.7.1 品牌与生态环境协同进化过程

通过研究可知，与自然生态系统中的单个物种一样，品牌生态系统中的每个成员，包括供应商、分销商、外包公司、相关品牌产品的生产商或服务商、技术提供商及许许多多的其他组织，不管其表面有多强大，最终都要与整个网络共命运。与那些主要关注营销或广告宣传的品牌企业不同，上海家化从一开始就认识到这一点，它采取的战略不仅大大增进了自身利益，而且改善了所处生态系统的整体状况。

上海家化是中国历史最悠久的民族工业企业，拥有六神、美加净、清妃、佰草集和高夫等许多品牌，其中六神、美加净、清妃、佰草集都是上海驰名商标，六神和美加净是全国驰名商标。在充分回顾、反思和总结历史与现实的基础上，上海家化关于品牌建设的结论是：要想打造一个伟大品牌，必须致力于经营一个有利于该品牌健康发展的、优良的品牌生态环境。

① 具有强烈品牌意识和强大执行力的企业家及其团队。上海家化在具有远见卓识的领导班子的领导下，于1988年率先建立了市场部，在1991年大多数人还不知道品牌经理是个什么岗位的时候率先建立品牌经理制度，在1994年又出巨资把合资后被打入“冷宫”的美加净品牌买了回来，这一切都离不开团队的共同努力。

② 提高消费者的满意度。“市场检验”是指一个品牌是否是名牌，不是政府和领导说了算，而是消费者说了算，六神和美加净之所以成为中国驰名商标，是因为这两个品牌拥有千百万忠诚的消费者。所以，衡量一个品牌的工作，主要是看消费者满意不满意、高兴不高兴、答应不答应、拥护不拥护、忠诚不忠诚。只有消费者才是创造中国乃至世界名牌的动力。

③ 和专门的营销服务公司合作。上海家化在打造品牌方面不是孤军奋战，它的营销服务合作伙伴包括营销和品牌顾问公司、市场研究公司、广告公司、设计公司、公关公司、促销公司等，这些公司好比是品牌的管家，能帮助企业有效的管理品牌。上海家化是最早利用国内、国际各种营销专业服务公司的中国本土企业之一。

④ 重视消费者、重视品质、重视品牌的原材料供应商。上海家化认识到现代的市场竞争，不只是企业与企业或品牌与品牌之间的竞争，而是供应链与供应链之间的竞争。一个品牌，如果没有供应商的支持与协作是不可能成功的。上海家化有一家供应商，不仅提供一流品质的原材料，还帮助研究公司的消费者，这看上去与其无关，但实际上只有做这样的研究才能保证向上海家化提供合适的原材料。

⑤ 具有强烈品牌意识和强大分销能力的经销商或零售商。供应链与供应链之间的竞争不仅体现在上游的原材料上，还体现在下游的产品分销商上。一个企业如果没有高效、可靠、值得信赖的分销商，就不可能使产

品在最短的时间内以最方便的方式提供给终端消费者。上海家化曾经过分重视依靠自己的分销系统，这样做的好处在于大大提高了在其控制范围内的几十个城市分公司的执行力。但是，由于我国城市的快速发展，靠自己的力量已无法有效的覆盖国内具有100万以上人口的300多个城市，因而必须重视建立与分销商的战略伙伴关系。只有通过分销商，品牌才能在全国各地生根、开花、结果。

⑥ 具有长远眼光的品牌融资机构。上海家化在融资市场的经验说明，好的资金提供者懂得品牌经营与资本经营的不同，着眼一个企业的品牌力，即长远的盈利能力，为企业打造品牌提供松紧合适的资本环境。不良资本提供者过分关注和追逐短期利益，不利于企业在必要的时候加大资金投入，因而不利于企业维持和提高品牌的竞争力。

⑦ 政府相关部门的制度支持。政府能够为企业提供许多独特的价值。例如，我国存在很多企业分享同一品牌的现象，如美加净和光明分别由多家企业拥有，这其实非常不利于任何企业打造品牌。再如，当上海家化努力把美加净打造成一个很有品位的化妆品品牌的时候，不属于同一企业的美加净洗衣粉就没法控制其产品质量。只有通过政府力量进行整合分跨不同类别的品牌，才能创造出和谐统一的品牌形象。

综上所述，上海家化要想拥有自己的品牌，就必须全面的打造包括企业家、消费者、营销服务公司、供应商、分销商、投融资机构和政府在内的品牌生态环境并在企业的所有经营活动中精心维护这一环境，协同进化。

6.7.2 品牌与其他品牌企业协同进化

像沃尔玛和微软这样的大品牌企业集团会有意识地创造该生态系统中其他成员可以利用的“平台”——各种服务、工具和技术，以此来提高自己的业绩。比如，沃尔玛的采购系统为供应商提供服务，如向洗护系列品牌的供应商宝洁提供有关客户需求和购买偏好的、无价的实时信息，同时向零售商品牌提供比竞争对手更大的成本优势。再比如，微软为其他软件供应商提供软件工具和技术，使它们能够很容易的为应用甚广的视窗操作系统编制程序。反过来，这些程序又为微软源源不断地提供新的视窗应用软件。这两个例子中，品牌与共生互利的生态环境的关系不仅最终使消费者受益（沃尔玛的消费者得到了价廉物美的商品，而微软的消费者则获得了许许多多新的产品功能），这也是这两大行业品牌能够战胜同行业其他竞争品牌的重要原因之一。图 6–6 所示为沃尔玛生态系统的总体利润优势分析。

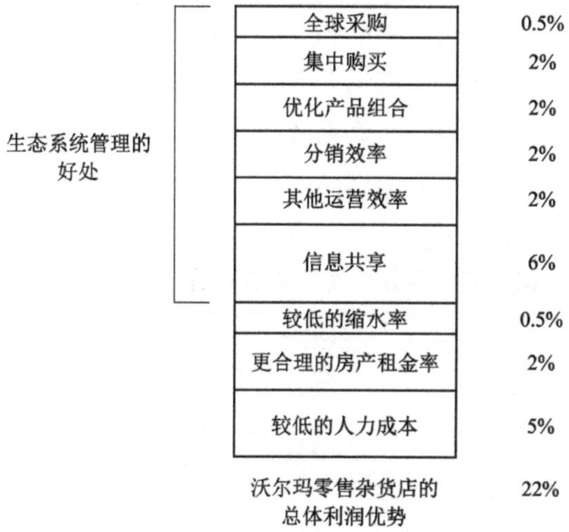

图 6–6 沃尔玛生态系统的总体利润优势分析

6.7.3 品牌与企业系统的协同进化

品牌生态系统的各利益相关者纷纷进行投入，以求更好地利用生态系统的共生关系并开始依赖沃尔玛和微软这样的超级品牌来获得自身的成功。例如，宝洁就把自己的企业资源规划系统与沃尔玛的整合在一起；AutoCAD 公司也在软件中整合了微软的编程组件。沃尔玛和微软这两大行业巨头在各企业间促进的相互依存的复杂关系使它们的品牌生态系统异乎寻常的富有成效、富于创新，而且富有多样性的关系网络。如今，这两个生态系统都有数以千计的品牌、企业、供应商、分销商和数以百万计的员工，整个系统的规模比这两大品牌企业本身要大上很多个数量级，并且与规模较小的同质品牌企业的生态系统相比，它们更具有优势。

6.7.4 品牌与品牌系统的质量价值网络的协同进化

我们知道，传统的价值链由供应商和分销商组成，它们直接参与品牌产品和服务的创立与提供；而品牌生态系统的价值链在传统价值链的基础上包含更多间接相关的企业、品牌和经济、政治、社会等生态环境要素，它们共同协作，完成令消费者及其他利益相关方满意的品牌质量。例如，你的品牌生态系统可能包括企业职能之外的外包服务的公司、提供融资的机构和提供运作所必需的技术企业、与品牌的产品互补的产品的制造商，甚至包括竞争对手和客户，此外，还包括诸如监管机构和媒体这样的机构组织，从而使品牌生态系统脱离了产品生态系统和单个企业生态系统的范畴，而成为一个独立的商业生态系统。比如，微软及其所属生态系统的构成（见表 6–2）就是一个典型案例。

表 6–2 微软生态系统价值链上企业的构成

业务域	公司数量	业务域	公司数量
系统集成商	7752	综合大卖场	220
开发服务公司	5747	信息输出软件公司	160
校园经销商	4743	电脑超市	51
独立软件销售商	3817	应用软件服务供应商的聚集商	50
培训机构	2717	电子零售商	46
广泛增值经销商	2580	办公用品超市	13
小型专业公司	2252	总聚集商	7
顶级增值经销商	2156	会员制仓储超市	7
主机服务提供商	1379	缝隙市场专营商店	6
互联网服务提供商	1253	次级分销商	6
商业咨询机构	938	应用软件集成商	5
软件支持公司	675	微软的直接经销商	2

续表

业务域	公司数量	业务域	公司数量
信息输出硬件公司	653	微软直属商店	1
消费电子公司	467	网络设备供应商	1
非细分市场经销商	290	网络服务提供商	1
媒体商店	238		

品牌生态系统要生产出符合消费者及相关方要求的质量的产品，必须与其所赖以生存的生态系环境的各个组织机构协同进化，对于提供产品和服务的每一个利益相关者都要建立互利共生的健康的生态关系。价值链上的任何一个薄弱环节都有可能损害整个系统的质量，甚至是品牌的存亡。以微软为例，该品牌系统的健康状况依赖于独立的软件供应商、系统集成商及其他很多公司或组织的健康状况。

本章在品牌生态系统概念模型的基础上分析了品牌与其赖以生存的生态要素之间的协同进化的关系。应当注意，在本章的分析中，对“商业生态系统”这个词的使用可能更接近生物学术语言中“群落”的含义。我们之所以与其他人一样选择“生态系统”而没有选择听起来普通的“群落”一词，是因为“生态系统”这个词更能明确表明本人在讨论一个复杂的系统，而且我们采用的是生物学类比，这有助于使管理者更专注于现代商业网络的一些特征。

第 7 章 品牌生态系统的健康性评价设计与运行

7.1 引言

我们知道，品牌生态系统和自然生态系统一样，两者都拥有大量相互联系在一起的成员，这些成员互为依赖、相依相生。如果生态系统是健康的，那么，个体成员就能茁壮成长；如果生态系统不健康，个体成员就会深受其害。在商业生态系统中，一个品牌商业网络中的某个公司或某个产品或某项技术就像自然生态系统中的物种一样，在相互依赖的关系中变得越来越密不可分。如果脱离了这些关系，它们就毫无意义。此外，这些关系造成的后果往往不是任何一个系统成员所能控制的，而是由系统的总体状况决定的。而系统的总体状况则在不断变化，包括系统成员的不断变动，一个健康、稳定的系统如果受到一系列的胁迫干扰后将会退化到脆弱的、不稳定的状态。面对这种胁迫，衰退的系统在其结构、功能和创新的多样性等多个方面均会发生质的变化，与健康的品牌生态系统相比会表现出一系列的特征，如表 7-1 所示。

表 7-1　健康的品牌生态系统与非健康的品牌生态系统比较

品牌生态系统的特征	非健康系统	健康系统
总产出	低	高
创新活力	弱	强
品牌协作关系	不稳定	稳定
品牌种群创新多样性	少	多
品牌异质性	低	高
供应链的长度	短	长
利益相关方的关系	链状或简单网络	复杂网络
资本产出率	低	高
资源利用率	低	高
创新辐射功能	弱	强
信息量	小	大
脆弱性	高	低
抗逆能力	弱	强
恢复能力	弱	强

受到干扰的系统，其创新性物种的多样性和结构的多样性都将有一定程度的降低；同时，系统在创新品牌种群、产品种群、资金、技术等方面的储存能力降低，供应链相对简单，对外界的干扰比较脆弱和敏感，抗逆能力和自我恢复能力降低。因此，维持一个健康的品牌生态系统，对于品牌的培育和管理至关重要。

7.2　品牌生态系统健康性评价理念

在自然生态学领域，一般认为，健康的生态系统应该能够维持多种物种的生存，呈现出丰富的多样性。此外，衡量生态系统长期健康的两个重要指标是生产率和生命力，而短期的研究主要集中于对生态系统的活力、组织结构和恢复力的研究上。

对于品牌生态系统的健康进行评价，实际上是把品牌生态系统看成一个能够不断提供具有一定生态位空间支撑的有机体。这样，自然生态系统健康的某些指标可以为经济系统借鉴。

7.3 品牌生态系统健康性评价标准

在科学评价中，标准和原动力都是以一定的系统为基础的。所以，研究品牌生态系统必须根据一些标准来评价系统的健康。

参考生态系统的健康研究，对品牌生态系统的健康研究将主要从生态系统组织活力、相关组织协同、系统抵抗力等方面进行，通过这些内容来反映整个品牌生态系统健康的本质。结合我国品牌培育的具体情况，品牌生态系统健康的标准主要包括组织创新活力、组织构成多样性、组织的抵抗力等方面，将这些标准应用到区域品牌生态系统健康的评价研究。

7.4 品牌生态系统健康评价指标体系

7.4.1 绿色创新活力

在生态学中，活力是指系统的能量或活动力，表现为能量输入和营养循环，其外在表现是生态系统的生产者的生长发育状况、群落密度和初级生产力水平，是衡量自然生态系统健康的最重要的标准，就是它能否将阳光和矿物质之类的非生物输入物有效转变为有生命的输出物——生物体的数量（或称生物量），实质就是系统的生产率。品牌生态系统组织创新活力指的是一个关于品牌的商业网络能否将技术和其他创新性原材料持续转变为新产品，从而保持品牌物种的可持续发展。衡量这一能力有多种手段，比较简单的是投资收益率。

我们分析了软件、生物科技和互联网服务这三大行业的品牌企业1994—2002 年几年中获得的投资总收益，如图 7-1 所示。发现这三大行业品牌企业的生态系统在生产率上显示了惊人的差异。软件类企业的平均投资收益率超过 10%，生物科技类企业的收益率大约为 -5%，互联网服务类企业的收益率大约为 -40%。而且，生产率随着时间推移而产生变化。

软件和生物科技这两大行业品牌投资收益率在各个年份变化不大，但互联网服务类品牌却在1996—1997年间收益率暴跌，这是由于雅虎和美国在线这两大品牌开始向那些从它们的门户网站获得访问量的相关公司（消费者）收取高额费用导致的。这种暴跌比互联网行业于2002年真正的大崩溃早了3年多。可见，如果在崩溃之前评估一下这一生态系统的健康状况，可能会帮助一些相关小品牌减少对一个自己押下巨大赌注的品牌生态系统赛道的依赖程度。

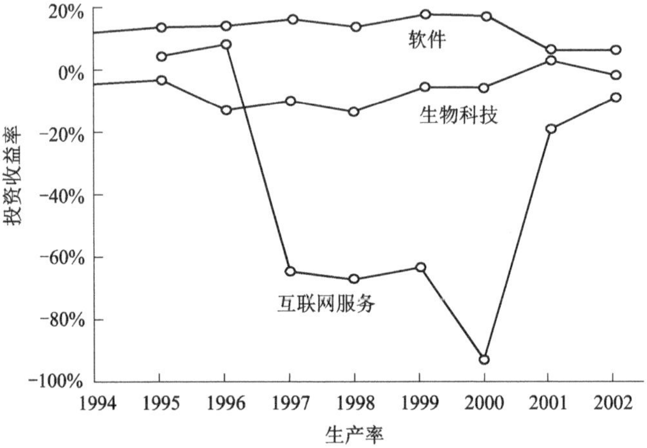

图7-1　从生产率对三大商业生态系统的相对健康状况分析

7.4.2　环境生存韧性

要为依赖于自己的物种提供持久的利益，一个自然生态系统面对环境变化就必须顽强地生存下去，这就是环境生存力，也是品牌韧性的范畴。在生态系统中表现为系统能够承受的最大胁迫，以及胁迫消失后系统克服压力反弹回复的速率，是系统保持稳定、抵御风险得以生存的重要能力。健康的生态系统具有较强的消减环境冲击和破坏的能力，从而能够维持多样性物种的生存，呈现出丰富的多样性。一个品牌生态系统必须能够从各种干扰和破坏（比如无法预见的技术变革）中存活下来，其好处是显而易见的：如果一个品牌依存于一个有生命力的生态系统，它具有一定的可预测性，因为系统中各成员的相互关系可以对外部冲击起到一定的缓冲作用。微软这一大品牌与其独立的软件销售商种群之间建立的关系，就使得它们在万维网被采用时共同存活下来。

衡量生命力最简单的标准，就是生态系统成员的存活率——不管是从经历的时间这一角度而言，还是相对于类似的自然生态系统而言，用这一标准衡量分析软件、生物科技及互联网服务的品牌群落，仍具有启发意义，如图 7-2 所示。

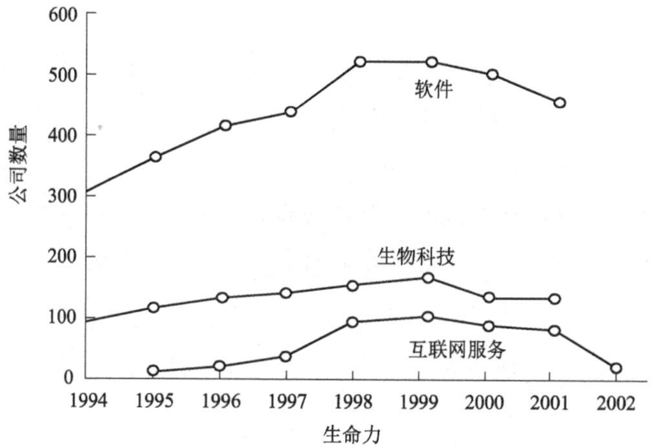

图 7-2　三大行业品牌生态系统的生命力比较

从图 7-2 中可以看出，软件公司数量 1994—2002 年的几年里大幅增加，仅在 1999 年技术衰退期有所萎缩，生物科技公司数量则保持了相对稳定。这个表面现象掩盖了行业内部的巨大变化，新兴品牌取代了倒闭破产的品牌。正如生产率和生命力不能完全反映一个健康的自然生态系统的特性一样，生态学意义上，一个健康的生态系统应呈现多样性——维持物种生存的能力。无论在商业领域还是生物领域，多样性标准都是表示一种消减外部冲击的能力及富于创新的潜力。

7.4.3　组织构成多样性

在生态系统中，组织构成多样性是指组成系统的物种间的相互关系，反映了生态系统结构的复杂性。随着物种多样性增加，物种间就会产生共生、互利共生和竞争的复杂性关系，各种关系下物种间协同进化。

相关组织的多样性是指品牌系统内的品牌、品牌产品、品牌企业、供应商、分销商、消费者和其他利益相关方之间的相互关系，相关性表现为它们之间的交流、合作的广泛性、紧密性。多样性、相关性越强，品牌生态系统就越健康。

7.5 二级指标的构成

由于需要选择的二级指标较多，因此，指标的选择应考虑以下原则：一是指标的代表性，所选指标到底能反映哪个方面的问题；二是指标选取不能过多，以防止将相关性过大的指标重复选取；三是还要考虑到指标易于度量。

在系统内的品牌种群创新活力和品牌的组织构成多样性两个一级指标中，二级指标主要用于动态评价品牌系统的健康性，是较为复杂的两个体系，因此，对这两个体系的二级指标选择与评价是重中之重。对于其他子体系二级指标的选择则坚持由繁至简、定性与定量相结合的原则，力争达到指标选取的合理性要求。

7.5.1 系统创新活力的指标构成

品牌生态系统的活力首先能够反映系统内品牌物种的创新能力和品牌种群的发育状况，区别于一般的经济性指标，应该重视其智力和科技要素的投入、产出及品牌企业产品的更新换代能力。所以，本指标把品牌生态系统内品牌拥有企业的创新活力分解为品牌所属企业的创新资源（C_1）、企业的创新投入（C_2）、研发能力（C_3）、经济效益（C_4）4 个二级指标。

① 企业的创新资源包括人力资源和经济资源。其中，人力资源主要是企业从业人员的创新素质，包括文化素质和科研素质。具有高素质的人员和高科研水平的人员，必然具有较高的技术创新能力，一旦条件成熟，潜力就会转化为现实的创新能力。经济资源主要是指企业的技术装备水平和企业的经济实力，技术装备的多少、技术水平的高低和企业经济实力的

强弱是影响企业技术创新能力产生的重要条件，具体分解为总资产、主营业务收入、人力资源强度几个指标。

② 企业的创新投入。企业创新能力的大小是由投入直接决定的。在同样的条件下，企业的创新投入越大，其产出就会越大。企业的创新投入分为 R&D 投入和非 R&D 投入。R&D 投入集中反映了企业科技成果转化的能力、市场营销的能力和技术更新提高的能力，具体又分解为 R&D 投入强度、科技活动投入强度、产学研比率、R&D 人员、R&D 人员人均 R&D 经费几个指标。

③ 研发能力是指企业能否在掌握现有科学技术知识的基础上，把握市场需求，找到问题，确定选题并组织人力物力解决问题的能力，它是创新资源投入积累的结果，具体又分解为企业拥有的专利数、企业推出的新产品数、产品标准、科技创新类项目和科技成果获奖数量等指标。

④ 经济效益。经济效益突出显示企业技术能力要素组合的效果。从某种意义上讲，评价企业创新能力最现实、最重要的指标是经济效益。它包括产品的市场占有率、生产率（包括劳动生产率、资金产值率或全要素生产率）和新产品产值率等，具体分解为人均销售收入、技术收入和利税合计、主营业务收入增长率、新产品销售收入占总销售收入的比重几项指标，具体的指标项目如表 7-2 所示。

表 7-2 品牌生态系统创新活力评价指标

二级指标	三级指标	主要内容
创新资源（C_1）	总资产（D_1）	
	主营业务收入（D_2）	
	人力资源强度（D_3）	科研人员 / 企业员工总人数
创新投入（C_2）	R&D 投入强度（D_4）	R&D 经费 / 产品销售收入
	科技活动投入强度（D_5）	科技活动经费支出 / 产品销售收入
	产学研比率（D_6）	科技活动经费外部支出 / 科技活动经费支出总额
	R&D 人员（D_7）	
	R&D 人员人均 R&D 经费（D_8）	R&D 经费支出 /R&D 人员

续表

二级指标	三级指标	主要内容
研发能力（C_3）	专利拥有数（D_9）	发明专利、实用新型专利、外观设计专利
	科技创新项目（D_{10}）	全部科技项目数
	科技成果获奖数（D_{11}）	获奖成果数
经济效益（C_4）	人均销售收入（D_{12}）	本年度总销售收入 / 企业员工总人数
	技术收入（D_{13}）	
	利税合计（D_{14}）	本年度利润+缴税额
	主营业务收入增长率（D_{15}）	（企业本年度主营业务收入－上年度主营业务收入）/ 上年主营业务收入
	新产品销售收入占总销售收入的比重（D_{16}）	本年度新产品销售收入 / 本年度总销售收入

7.5.2 系统抵抗力的指标构成

抵抗力反映品牌生态系统抵抗外部干扰并维持系统结构与功能的能力，是系统保持稳定、抵御风险而得以生存的重要能力。品牌生态系统高抵抗力是品牌与品牌生态环境相互作用的结果，反映了系统对环境胁迫的抵御力。通过研究对象胁迫要素的抗性大小来计算系统的抵抗力。设置的二级指标有品牌种群的规模增长率、主流品牌种群优势度、品牌种群国际化强度，具体如表 7-3 所示。

表 7-3　品牌生态系统抵抗力评价指标

一级指标	二级指标	主要内容
品牌生态系统的系统抵抗力（B_2）	品牌种群的规模增长率（C_5）	系统内品牌种群的年增长数
	主流品牌种群优势度（C_6）	主导品牌种群企业收入 / 系统该年的总收入
	品牌种群国际化强度（C_7）	系统的出口创汇 / 技工贸总收入

7.5.3 品牌生态系统组织构成多样性指标

品牌生态系统组织构成多样性是指系统内的品牌与各个利益相关方之间的相互关系，反映了品牌生态系统组织结构的复杂性。系统组织的多样性集中反映了品牌生态系统组织结构的特征，是综合反映品牌生态系统发展特征的重要指标之一，具体用品牌生态系统辛普森指数来表示，主要通过以下 3 个指标进行测定：品牌种群多样性指数、品牌种群市场多样性指数、品牌种群外向性指数。

假设品牌种群多样性指数为：

$$1-\sum_{i=1}^{s}\left(\frac{N_i}{N}\right)^2 \tag{7-1}$$

公式（7-1）中，s 为品牌种群的数目，N 为生态系统内品牌数目，N_i 为生态系统内某品牌种群的数目。

辛普森指数的最低值为 0，最高值为（$1-{}^{1}\!/_{s}$），前一种情况是系统全部属于一个种群，后一种情况是每个个体为一类品牌种群。

品牌种群市场多样性指数：

$$C_9=1-\sum\left(\frac{\text{某一类品牌种群的销售收入}}{\text{系统内总收入}}\right)^2 \tag{7-2}$$

品牌种群外向性指数：

$$C_{10}=1-\sum\left(\frac{\text{某一类品牌种群的出口创汇}}{\text{系统内总收入}}\right)^2 \tag{7-3}$$

7.6　品牌生态系统评价体系运行

围绕品牌生态系统健康性评价的指标体系，建立品牌生态系统健康性评价的模型。一方面，可以清晰地反映指标体系的层次架构关系；另一方面，可以为指标体系的权重计算设计提供框架支撑。本部分的模型体系构建采用层次分析法，目的是将复杂的问题分解成若干个层次与亚层次，在对比原来简单得多的层次进行分析的基础上，把问题的内在层次与联系判断量化并做出方案排序，从而完成总体层次上的分析和决策。

将健康评价的指标体系分别填入，形成品牌生态系统健康性评价模型体系的内容框架。依据品牌生态系统健康性评价模型体系的层次结构图，更能从根本上直观地描述品牌生态系统健康的指标体系的逻辑结构和内在联系，具体如图 7-3 所示。

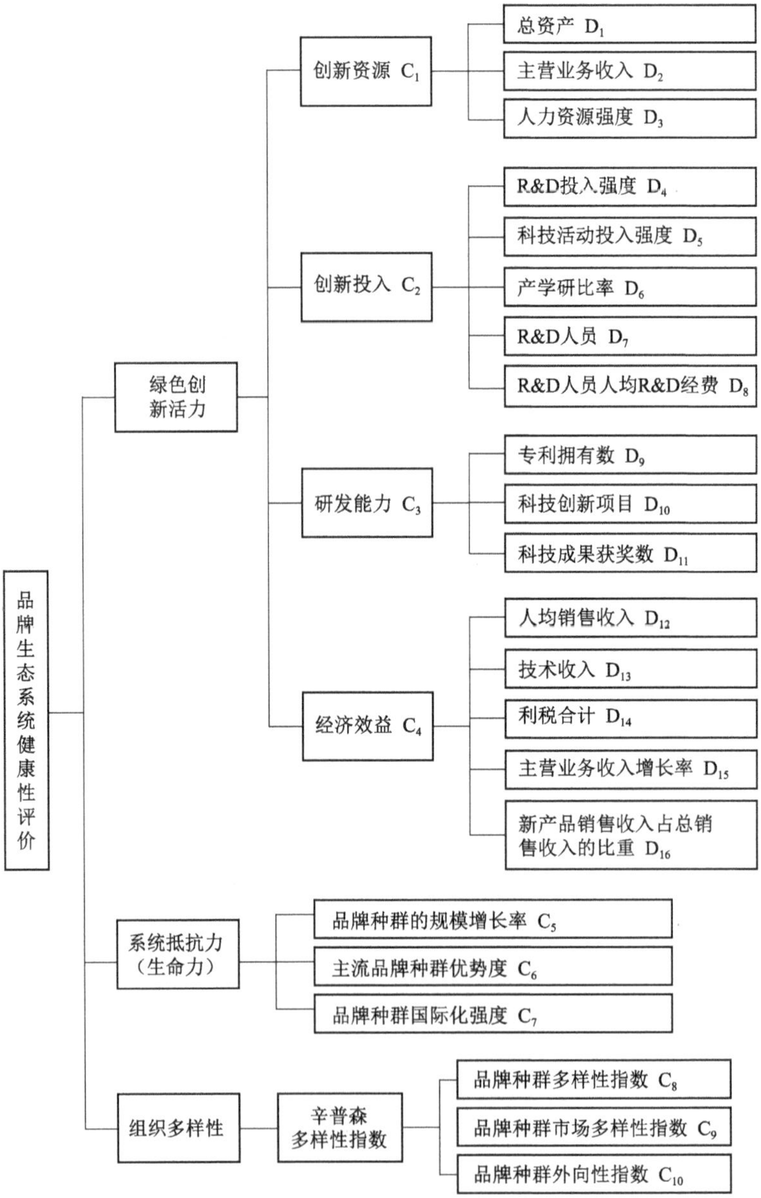

图 7-3 模型体系的内容框架

7.7 品牌生态系统健康评价体系设计与运行

对于品牌生态系统健康评价可以借鉴生态系统健康评价模型来进行。

7.7.1 品牌生态系统健康评价体系设计

系统的组织构成多样性、组织活力和抵抗力是系统健康的三要素，这三者有机结合、相互作用并达到一种协调的状态，系统才能真正达到健康状态，所以，采用线性加权法，构建品牌生态系统健康评价的数学模型为：$H_I=W_1\times V+W_2\times O+W_3\times R$。其中，$W_1$、$W_2$、$W_3$ 为权重，而且 $W_1+W_2+W_3=1$，H_I 为系统健康指数；V 为品牌生态系统的绿色创新活力指标；O 为品牌生态系统组织结构指数；R 为品牌生态系统抵抗力指数。

7.7.2 各分指标的关系

7.7.2.1 创新活力指标

对于系统创新活力指标，仍然采用线性加权法进行评价。

$$V=\sum_{i=1}^{n}\alpha_i C_i \qquad C_i=\sum_{j=1}^{m}a_{ij}D_{ij}$$

上面的公式中，V 为创新能力评价值；C_i 为第 i 类指标的评价值；α_i 为第 i 类指标的权重系数；D_{ij} 为 第 i 类第 j 项的评价值；a_{ij} 为第 i 类第 j 项指标的权重系数。

评价程序如下所述。

① 统计指标的标准化，把指标统计值变为标准化值。评价过程中，各评价指标值的单位不同、量纲不同和数量级不同。为了统一标准，必须对原始数据进行处理，把所有指标值转化为无量纲和无数量级差别的标准分。本书采用线性插值法，是直线无量纲中的一种，该法对指标数据的个数和分布情况没有特殊要求，转化后的数据在 0 ～ 1 之间，便于数学处理和比较分析。

f_{ij} 表示第 i 个企业第 j 项指标的取值，利用相关公式将实际值 f_{ij} 转化为标准值 Y_{ij}。Y_{ij} 的范围在 0 ～ 1 之间，分布仍与相应原值 f_{ij} 的分布相同。

② 确定权重值。采用专家评价法确定权重值。这种方法既考虑了人们主观上对各项指标的重视程度，又考虑了各项指标原始数据之间的相互联系及它们对总体评价指标的影响。在构建评价体系的时候，最困难的是确定权重。在该研究当中，首先选定几十位来自业界、科技管理、情报学等各个领域的专家并向专家详细说明该研究的意义和目的。然后，拟定专家调查表，将 16 个二级指标排列成易于专家打分的表格形式，以匿名的方式征询专家对指标权重的看法，对征询到的专家意见进行统计分析，计算出每张专家调查表下各指标的相对权重并检查每位专家意见的一致性。对于不符合一致性要求的少数专家意见，选择放弃此专家对各指标的权重打分意见或做出适当修改。在随后进行的一次意见征询中，将经过整理的上次调查结果反馈给各位专家，让他们重新考虑后再次提出自己的看法并特别要求那些持不同看法的专家详细说明自己的理由。经过几轮征询和反馈，专家的意见逐渐集中，最后获得有统计意义的专家集体评判结果。

根据三级指标权重计算二级指标权重，分两步计算。第一步，根据公式$\bar{\alpha}_i=\sqrt[n]{\prod_{j=1}^{n}a_{ij}}$计算出$\bar{\alpha}_i$，式中$\bar{\alpha}_i$为归一化处理前的权重值，$a_{ij}$为第 i 类二级指标的第 j 项指标权重系数，n 是第 i 类二级指标下的三级指标个数。第二步，对计算出来的 n 个$\bar{\alpha}_i$进行归一化处理得出相关数值。

③ 计算各项和各类指标值并与对应的最大指标值比较，得出其 0 ～ 1 之间的分值。

④ 计算技术创新能力评价值 E 并与对应的最大指标值比较，得出其 0 ～ 1 之间的得分。

7.7.2.2 组织构成多样性和系统抵抗力指标

权重参数设定的研究方法采用层次分析法和熵值分析法来确定。

层次分析法是一种定性和定量相结合的、系统化的、层次化的分析方法。过去，研究自然和社会现象主要有机理分析法和统计分析法两种方法，前者用经典的数学工具分析现象的因果关系，后者以随机数学为工具并通过大量的观察数据寻求统计规律。近年来发展起来的系统分析是又一种方法，而层次分析法是系统分析的数学工具之一。层次分析法是将与决策总目标有关的元素分解成目标、准则、方案等层次，在此基础之上进行定性和定量分析的决策方法。该方法是美国运筹学家、匹茨堡大学教授萨蒂于20 世纪 70 年代初提出的一种层次权重决策分析方法。该方法的特点是在对复杂的决策问题的本质、影响因素及其内在关系等进行深入分析的基础上，利用较少的定量信息使决策的思维过程数学化，从而为多目标、多准则或无结构特性的复杂决策问题提供简便的决策方法，尤其适合于对决策结果难于直接准确计量的场合。层次分析法的整个过程体现了人的决策思维的基本特征，即分解、判断与综合，易学易用，而且定性与定量相结合，便于决策者之间彼此沟通，是一种十分有效的系统分析方法，广泛地应用在经济管理规划、能源开发利用与资源分析、交通运输、水资源分析利用等方面。因此，影响因素较为复杂的品牌生态系统健康性测评体系是适合采用层次分析法的。

层次分析法的步骤如下所述。①通过对系统的深刻认识，确定该系统的总目标，弄清规划决策涉及的范围、所要采取的措施方案等和实现目标的准则、策略和各种约束条件等，广泛地收集信息。②建立一个多层次的递阶结构，按目标的不同、实现功能的差异，将系统分为几个等级层次。③确定以上递阶结构中相邻层次元素间的相关程度。通过构造两两比较判断矩阵及矩阵运算的数学方法，确定对于上一层次的某个元素而言，本层次中与其相关元素的重要性排序——相对权重值。④计算各层元素对系统目标的合成权重，进行总排序，以确定递阶结构中最底层各个元素在总目标中的重要程度。⑤根据分析计算结果，考虑相应的决策。

层次分析法评价程序如下所述。

① 比较尺度的确定及说明。按照层次分析法，针对上一层某个因素，对下一层与之相关的元素进行两两对比并按其重要程度评定重要性等级。具体的比较尺度如表 7-4 所示。比较尺度主要分为 9 个等级，其中 1、3、5、7、9 分别代表 i 因素与 j 因素之间相同重要、略微重要、较为重要、非常重要、绝对重要 5 个层次，而 2、4、6、8 则分别代表两个判断之间的中间状态对应的标度值。对于比较尺度具体等级的倒数的说明，则是：若 i 因素与 j 因素比较，得到的判断值为 $a_{ji} = 1/a_{ij}$ 和 $a_{ii} = 1$。

表 7-4　比较尺度

标度（a_{ij}）	定义
1	i 因素与 j 因素相同重要
3	i 因素对 j 因素略微重要
5	i 因素对 j 因素较为重要
7	i 因素对 j 因素非常重要
9	i 因素对 j 因素绝对重要
2、4、6、8	为两个判断之间的中间状态对应的标度值
倒数	若 i 因素与 j 因素比较，得到的判断值：$a_{ij}=1/a_{ji}$，$a_{ii}=1$

② 计算权重向量：为了从判断矩阵群中提炼出有用的信息，达到对事物的规律性认识，为决策提供科学的依据，就需要计算每个判断矩阵的权重向量和全体判断矩阵的合成权重。

③ 对判断矩阵进行一致性检验。

现计算矩阵的最大特征根 λ_{max}，然后判断一致性：

$$C.I.=\frac{\lambda_{max}-n}{n-1}$$

当其一致时，C.I.=0；不一致时，一般 $\lambda_{max}>n$，因此，C.I.>0。表 7-5 所示是平均随机一致性指标 C.R.。

表 7-5　平均随机一致性指标 C.R.

n	3	4	5	6	7	8	9	10	11
C.R.	0.58	0.90	1.12	1.24	1.32	1.41	1.45	1.49	1.51

只要满足 $\frac{C.I.}{C.R.}$，就可以认为满足一致性。

熵值法是客观赋值法的一种。一般认为，熵值法能够深刻反映出指标信息熵值的效用价值并给出具体指标的权重值，比德尔菲法和层次分析法具有较高的可信度。因此，对于描述品牌生态系统的组织构成多样性和系统抵抗力的指标权重，本书尝试使用熵值法。信息系统中的信息熵是信息无序度的度量，信息熵越大，信息的无序度越高，其信息的效用值越小；反之，信息的熵越小，信息的无序度越低，其信息的效用值越大。

综合评价中熵值法的计算方法如下所述。

假定需要评价的对象具有 n 个评价指标，有 m 个评价样本，则按照定性与定量相结合的原则取得多对象关于多指标的评价矩阵 R。

$$R=\begin{bmatrix} x_{11} & x_{12} & \cdots & x_{1n} \\ x_{21} & x_{22} & \cdots & x_{2n} \\ \cdots & \cdots & \cdots & \cdots \\ x_{m1} & x_{m2} & \cdots & x_{mn} \end{bmatrix}$$，其中 x_{ij} 表示第 i 年第 j 项指标的数值。

① 数据标准化处理。假定评价指标 j 的理想值为 x_j^*，其大小因评价指标性质不同而异。对于正向指标，x_j^* 越大越好，记为 $x_{j\,max}^*$；对于负向指标，x_j^* 越小越好，记为 $x_{j\,min}^*$。因此，我们可以根据评价指标的性质，从初始数据矩阵 R 中找到评价指标的极值作为理想值，还可以横向对比从其他渠道获得评价指标的理想值。定义 r_{ij} 为 x_{ij} 对于 x_j^* 的接近度。

对于正向指标，$r_{ij}=\frac{x_{ij}}{x_{j\,max}^*}$；对于负向指标，$r_{ij}=\frac{x_{j\,min}^*}{x_{ij}}$。于是，其标准化值为：$f_{ij}=\frac{r_{ij}}{\sum_{i=1}^{m} r_{ij}}$。其中，$0 \leqslant f_{ij} \leqslant 1$。由此得到数据的标准化矩阵为：$f=\left[f_{ij}\right]_{ma}$。

② 指标信息熵值 e 和信息效用值 d。第 j 项指标的信息熵值为：$e_j=-K\sum_{i=1}^{m} f_{ij}\ln f_{ij}$。其中，K 为正的常数，与系统的样本数 m 有关。对于一个信息完全无序的系统，有序度为零，其熵值最大。e=1，m 个样本处于完全无序分布状态时，$f_{ij}=\frac{1}{m}$，此时，$K=\frac{1}{\ln m}$。

某项指标的信息效用值取决于该指标的信息熵 e_j 与 1 之间的差值：

$$d_j=1-e_j$$

③ 评价指标权重。在（m，n）型评价模型中，第 j 个指标的熵值 W_j 可以定义为：

$$W_j = \frac{d_j}{\sum_{j=1}^{m} d_j}$$

利用熵值法估算各指标的权重，其本质是利用该指标信息的价值系数来计算的，其价值系数越高，对评价的重要性就越大。

④ 样本的评价。用第 j 项指标权重与标准化矩阵中第 i 个样本第 j 项评价指标的接近度值 r_{ij} 的乘积作为 x_{ij} 的评价值 y_{ij}，即 $y_{ij}=W_i \times R_{ij}$，则第 i 个样本的评价值为：

$$y_i = \sum_{j=1}^{n} y_{ij}$$

显然，y_i 越大，样本的效果越好，最终比较所有的 f_i 数值，即可得到评价结果。

本章主要是基于生态系统理论对品牌生态系统健康性测评体系进行理论研究，对品牌生态系统健康测评体系的指标构成、模型构建、量化求解及分析工具等方面进行了详细的探讨。

品牌生态系统健康评价模型是 :$H_I = V \times O \times R$。其中，V、O、R 分别代表品牌生态系统健康的 3 个层面，即系统的创新活力、组织构成的多样性和系统的抵抗力，又从不同方面分解为若干项指标，结合专家评价法、层次分析法和信息熵值法，也就是定量分析和定性分析相结合的方法，构建品牌生态系统健康性测评模型体系的层次结构框架，进行了权重系数的设定及量化求解的具体步骤的研究。

第8章 区域品牌生态系统健康培育策略

北京作为全国的政治、文化中心，是全国高新技术产业的源头，而以中关村为核心的中关村科技园区海淀园汇集了清华大学、北京大学为代表的各级各类高等院校39所，在校大学生30多万人；汇集了以中国科学院为代表的各级各类研究机构213家；同时，中关村科技园区海淀园内聚集了数十个各具特色的、独立的专业园区和基地，进一步推动高技术产业专业化发展。在政府相关部门的积极引导下，海淀园内部已经形成了中关村创意产业先导基地、中关村软件园、用友软件园、上地信息产业基地等多个专业性园区和基地，吸引了大批软件、计算机、通信、生物医药等领域的知名企业、研发机构和高级人才，也诞生了一大批本土民族品牌的中小型高科技企业，区域性品牌生态系统初步显现。

8.1 中关村科技园区海淀园区域品牌生态系统

8.1.1 软件与信息服务业

中关村科技园区海淀园已经成为我国软件与信息服务业发展的核心。2006年，全国软件产业最大规模前100家企业，中关村科技园区海淀园占了25家，占全国的四分之一。其中，软件收入超过10亿元的企业有

10家，著名的有神州数码、北大方正、大唐电信等，这些企业已经成长为国内知名的软件与信息服务品牌企业。

中关村科技园区海淀园的软件企业产品涵盖产业链的各个环节。截至2006年，中关村科技园区海淀园内的软件企业有4606家，软件与信息服务业实现总收入872.42亿元，在全国范围内，其软件与信息服务业收入就已超过江苏、浙江等软件产业发达的省、直辖市，如图8-1所示。中关村科技园区海淀园90%以上的软件企业拥有自主开发的技术和产品，产品涵盖了所有软件产业链。开发生产系统软件（嵌入式操作系统）的品牌企业有中科红旗、中软等；研发支撑软件如数据库、中间件的品牌企业有北大青鸟、中科国际等；从事信息安全的企业，著名的有瑞星、启明星辰等。另外，还有国际顶级品牌企业，如微软等，进一步增强了生态系统的创新活力。在中关村科技园区海淀园1.8万余家高科技企业中，与软件相关的企业约占四分之一。其中，用友软件、中讯、神州数码、文思创新等多家企业从事外包服务。中关村科技园区海淀园的外包服务每年以50%的速度增长，已经形成了以北航、中国科学院等为核心的外包企业群，它们不仅服务于中关村科技园区海淀园的软件企业品牌生态系统，还服务于国际品牌企业的跨国品牌生态圈。其中，有3条比较成熟的品牌价值链：第一条是以微软、IBM等跨国品牌企业为代表；第二条是以中软国际、中讯、博思为代表；第三条是以联想、神州数码、清华同方、用友等为代表。中关村科技园区海淀园软件企业的部分自主品牌已进入国际市场。

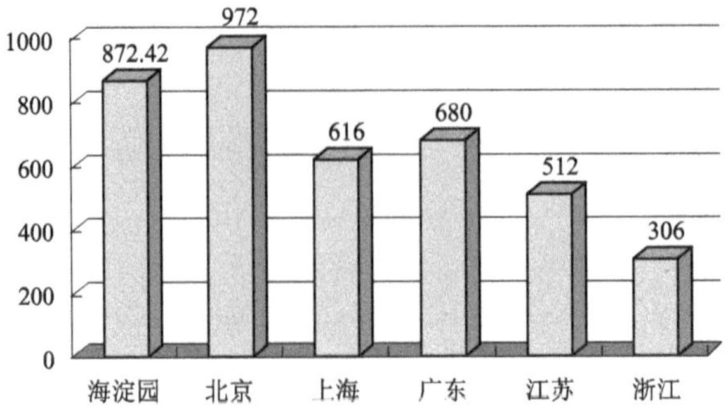

图8-1　中关村科技园区海淀园与各大城市软件与信息产业收入的比较

随着国际生产要素的重组和产业转移，全球软件与信息服务也形成了明显的分工体系。欧美国家较早推进的信息化建设催生了微软、IBM 等超级品牌，在操作系统、数据库等领域处于品牌种群中的节点位置，形成了巨大的品牌生态系统。我国软件品牌仍处于国际品牌生态系统的底端。

软件人才需求的日益迫切，软件人才培训机构发展迅速。2006 年，我国 IT 教育培训市场销售收入 44.78 亿元，北大青鸟、清华 IT、神州数码、中国科学院软件研究所、NIIT 等成为培训机构的著名品牌。

目前，中关村科技园区海淀园已经形成了涵盖操作系统、数据库、中间件、办公软件在内的自主完整的产品品牌生态系统。操作系统领域，厂商中科红旗国内服务器 Linux 的市场份额排名第一；数据库领域中，人大金仓占国内市场的 3%；中间件有东方通、中关村科技、青牛软件等品牌企业；办公套件厂商包括金山、红旗中文 2000、共创开源等。

8.1.2 集成电路产业

中关村科技园区海淀园集成电路产业集群初显，在中芯国际和飞思卡尔半导体（中国）两大企业主导下，现初步形成了全国领先水平及覆盖集成电路制造、封装、专用设备及材料等半导体产业链各环节的科研群体，产业联盟初步建立，产业价值如表 8–1 所示。

表 8–1 2006 年我国集成电路产业各价值链结构

	设计业	芯片制造业	封装测试业
销售收入（亿元）	186.2	323.5	496.6
同比增长（%）	49.8	38.9	43.9
所占份额（%）	18.5	32.1	49.4

我国的集成电路设计公司大部分还在初级阶段，处于国际同类品牌产品的低端水平。

8.1.3 计算机产业

计算机产业是中关村科技园区海淀园的第二大产业。在台式机市场，国产整机品牌占据了半壁江山，DIY 产品占据了三分之一的市场份额，国外品牌仅占一成的市场份额。联想、北大方正、清华同方位列三甲，如表 8-2 所示。

表 8-2 2006 年我国台式 PC 市场品牌分布情况

品牌	2006 年销售量（万台）	2006 年销量比例	2006 年销售额（亿元）	2006 年的销售额比例
联想	547.1	29.3%	263.6	37.1%
北大方正	179.3	9.6%	78.2	9.4%
清华同方	117.3	6.3%	47.8	5.7%
Dell	114.8	6.2%	56.7	6.8%
HP	68.9	3.7%	32.8	3.9%
TCL	47.4	2.5%	20.7	2.5%
长城	35.3	1.9%	13.6	1.6%
七喜	28.5	1.5 %	11.4	1.4%
浪潮	20.6	1.1%	7.3	0.9%
清华紫光	17.5	0.9%	7.5	0.9%
Others	67.3	3.6%	30.3	3.6%
DIY	621.4	33.3%	262.5	31.5%
总计	1865.2	100%	832.1	100%

在笔记本市场，联想占据 30.7%的销量份额，位居第一；北大方正占据国内 5.0%的销量份额，名列第七，如表 8-3 所示。

表 8-3 笔记本品牌市场结构

品牌	2005 年销售量（万台）	2006 年销量（万台）	2006 年销量增长率	2006 年的销量份额
联想	99.6	129.3	29.8%	30.7%
HP	28.6	43.2	51.0%	10.3%
Dell	39	42.6	9.2%	10.1%
华硕	23	39	69.6%	9.3%
宏碁	13.4	36	168.7%	8.5%
索尼	18.9	22.3	18.0%	5.3%
北大方正	13.6	20.9	53.7%	5.0%
三星	14.9	16	7.4%	3.8%
TCL	5.8	17.5	201.7%	4.2%
海尔	6	16.2	170.0%	3.8%
Others	37.9	38.1	0.5%	9.0%
总计	300.7	421.1	40.0%	100%

在 PC 服务器市场，国外品牌约占销量的 60.4%，国产品牌约占销量的 36.5%，如表 8-4 所示。

表 8-4 2006 年 PC 服务器市场品牌结构

品牌市场	销量（万台）		2006 年销量比例	同比增长率
	2005 年	2006 年		
HP	8.77	11.03	21.6%	25.7%
DELL	8.54	10.49	20.5%	22.8%
IBM	7.39	9.34	18.3%	26.3%
浪潮	5.19	6.03	11.8%	16.0%
联想	3.97	4.51	8.8%	13.7%
曙光	2.98	3.29	6.4%	10.5%
宝德	1.95	2.28	4.5%	16.8%

续表

品牌市场	销量（万台）		2006 年销量比例	同比增长率
	2005 年	2006 年		
北大方正	1.74	1.74	3.4%	0.0%
清华同方	0.81	0.83	1.6%	1.8%
Others	1.35	1.52	3.1%	12.4%
总计	42.70	51.05	100%	19.5%

在国内的 PC 服务器市场上，中关村科技园区海淀园的联想、曙光、北大方正、清华同方 4 家企业就占国内市场份额的五分之一。

中关村科技园区海淀园内计算机整机及配套设备方面有 829 家企业，其中龙头品牌有联想、北大方正、清华同方、清华紫光、曙光等，基本上形成了上下有产业链及其配套产业。计算机产业品牌种群成了中关村科技园区海淀园区域品牌生态系统的核心环节。

8.1.4 通信产业

中关村科技园区海淀园内汇集了大批国内著名的通信企业和国际研发机构，大唐电信、普天都位于中关村科技园区海淀园。中关村科技园区海淀园大规模量产的产品包括手机、路由器和交换机等网络通信设备，但产业规模不大，中关村科技园区海淀园品牌处于弱势地位。

8.1.5 生物医药产业

至2006年，中关村科技园区海淀园有生物医药企业770家，化学制药、中药制药、医疗器械三足鼎立，生物制药快速发展，如图 8-2 所示。超亿元企业 19 家，占全行业总收入的 62.94%；同时，疫苗、生物农药、食品及保健品等门类齐全。另外，还有一套系统的生物医药专业技术服务体系，服务内容涵盖了生物制品、中药、合成药物和生物技术产品，以及从研发到生产的各个环节，已经形成了国内硬件条件最完备、服务体系最健全、服务消费者最多的专业服务平台。

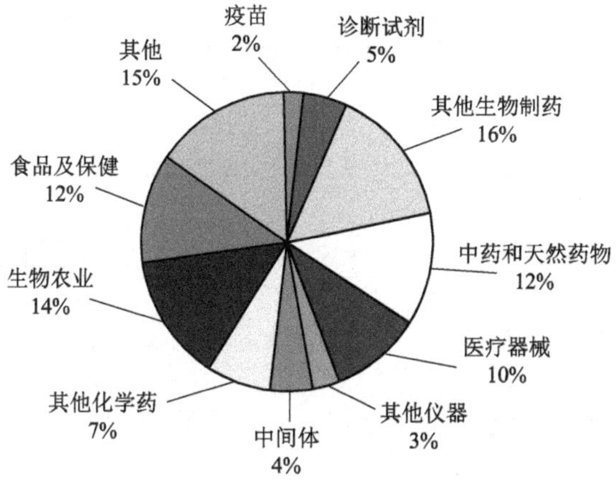

图 8-2　2006 年中关村科技园区海淀园生物医药行业细分

8.2　案例分析与评价过程

本案例的实证研究是品牌生态系统健康性的测评分析问题，涉及定性和定量的评判，研究过程主要是基于问卷调查法。本节在阐述调查问卷的设计内容的基础上，整理归纳相关调研数据，利用上一章测评模型的研究成果，计算出相应的测评结果并进一步具体分析测评的结果。

8.2.1　中关村科技园区海淀园区域品牌生态系统健康性一级指标的权重

品牌生态系统健康性评价 B 层指标有：绿色创新活力（V）、系统抵抗力（R）、组织构成多样性（O）3 个评价指标，通过文献研究和专家咨询，对第一层次因素相对于 A 层次因素重要程度的相对重要性打分。根据该调查结果，我们得出 A–B 判断矩阵（见表 8–5）。

表 8–5　A–B 判断矩阵

A	V	R	O
V	1	3	5
R	$\frac{1}{3}$	1	2

续表

A	V	R	O
O	$\frac{1}{5}$	21	1

然后，我们根据根法求相对权重。根据公式 $M_i=\prod_{j=1}^{3}a_{ij}$，我们得到诸行的连乘，为 $M=\left(15\quad\frac{2}{3}\quad\frac{1}{10}\right)^T$，再利用公式 $\bar{W}=\sqrt[3]{M_i}$（i=1,2,3），得到每行的几何平均向量：$\bar{W}=(2.466212\quad 0.87358\quad 0.46415)^T$。对向量进行归一化处理，即 $W_i=\bar{W_i}\Big/\sum_{i=1}^{3}\bar{W_i}$，最后得到一级指标的相对权重。

由公式 $\lambda_{max}=\sum_{i=1}^{n}\frac{[AW_i]_i}{n(W_i)_i}$，计算最大特征值，得到：

$$[AW_i]=\begin{bmatrix}1 & 3 & 5\\ \frac{1}{3} & 1 & 2\\ \frac{1}{5} & \frac{1}{2} & 1\end{bmatrix}\bullet\begin{bmatrix}0.64833\\0.22965\\0.122\end{bmatrix}=\begin{bmatrix}1.94728\\0.68976\\0.366491\end{bmatrix}$$

所以，$\lambda_{max}=\frac{1}{3}\left(\frac{1.94728}{0.64833}+\frac{0.68976}{0.22965}+\frac{0.366491}{0.122}\right)=3$

进行一致性检验：$C.R.=\frac{\lambda_{max}-n}{n-1}=\frac{3-3}{3-1}=0$，n = 3 时，C.R. = 0.9，则 $\frac{C.I.}{C.R.}=0/0.9<0.1$。所以，符合一致性检验要求。计算结果整理、归纳如表 8–6 所示。

表 8–6　一级指标的权重结果

判断矩阵 A	V　R　O	$\bar{W_i}$	λ_{max}	$\frac{C.I.}{C.R.}$
V	1　3　5	0.6488	3	0<0.1 小于 0.1

续表

判断矩阵 A	V R O	$\bar{W}_i$	λ_{max}	C.I. C.R.
R	$\frac{1}{3}$ 1 2	0.22965	3	0<0.1 小于 0.1
O	$\frac{1}{5}$ $\frac{1}{2}$ 1	0.122	3	0<0.1 小于 0.1

8.2.2 中关村科技园区海淀园区域品牌生态系统健康评价过程

8.2.2.1 创新活力指标

① 原始数据的获取。本研究有关中关村科技园区海淀园区域品牌生态系统健康评价的全部数据来源于2007年《高新技术产业发展蓝皮书——中关村科技园区海淀园》。

② 测评的计算过程。对于系统内企业的绿色创新活力的各项指标，确定权重（见表 8–7）。

表 8–7　三级指标权重

指标	权重	指标	权重
总资产	0.045	专利拥有数	0.068
主营业务收入	0.047	科技创新项目	0.058
人力资源强度	0.070	科技成果获奖数	0.047
R&D 投入强度	0.074	人均销售收入	0.066
科技活动投入强度	0.064	技术收入	0.074
产学研比率	0.058	利税合计	0.060
R&D 人员	0.066	主营业务收入增长率	0.068
R&D 人员人均 R&D 经费	0.065	新产品销售收入占总销售收入的比重	0.070

然后，根据二级指标权重计算一级指标权重，分为两步：第一步，根

据公式$\bar{\alpha}_i=\sqrt[n]{\prod_{j=1}^{n}a_{ij}}$计算出$\bar{\alpha}_i$，$\bar{\alpha}_i$为归一化处理前的权重值、$a_{ij}$为第 i 类一级指标的第 j 项指标权重系数、n 是第 i 类一级指标下的二级指标个数；第二步，对计算出来的 n 进行归一化处理得出 a_i。结果见表 8-8。

表 8-8　二级指标的权重

二级指标（C_i）	C_1	C_2	C_3	C_4
相对于海淀园品牌系统内企业技术创新能力的权重 α_i	0.218	0.269	0.235	0.278

最后，综合评价，得到中关村科技园区海淀园十大行业品牌企业的创新能力，如表 8-9 所示。

表 8-9　中关村科技园区海淀园十大行业创新能力评价结果

行业	评价结果				
	2002	2003	2004	2005	2006
医药制造	0.239	0.222	0.183	0.106	0.148
专业设备制造	0.245	0.363	0.296	0.253	0.233
电器机械及器材制造业	0.261	0.222	0.234	0.179	0.154
电子及通信设备制造业	0.682	0.595	0.430	0.464	0.479
仪器仪表及文化办公制造业	0.259	0.216	0.304	0.230	0.226
电信传输服务业	0.246	0.267	0.333	0.358	0.343
计算机服务业	0.424	0.367	0.474	0.406	0.452
软件业	0.557	0.581	0.679	0.658	0.703
专业技术服务业	0.264	0.286	0.364	0.361	0.484
科技交流及推广服务业	0.285	0.223	0.380	0.383	0.253

通过文献研究和专家咨询，对十大行业的品牌企业相对于 B 层次因素重要程度的相对重要性打分。根据该调查结果，我们得出 B–K 判断矩阵（见表 8–10）。

表 8–10　B–K 判断矩阵

B	K_1	K_2	K_3	K_4	K_5	K_6	K_7	K_8	K_9	K_{10}
K_1	1	1/2	1	1/4	1/2	1/2	1/3	1/5	1/3	1/2
K_2	2	1	2	1/3	1	1	1/2	1/4	1/2	1
K_3	1	1/2	1	1/4	1	1/2	1/3	1/5	1/2	1/2
K_4	4	3	4	1	3	3	2	1/2	2	3
K_5	2	1	1	1/3	1	1/2	2	1/4	1/2	1
K_6	2	1	2	1/3	2	1	1/2	1/4	1	1
K_7	3	2	3	1/2	1/2	2	1	1/3	2	2
K_8	5	4	5	2	4	4	3	1	3	4
K_9	3	2	2	1/2	2	1	1/2	1/3	1	2
K_{10}	2	1	2	1/3	1	1	1/4	1/2	1/2	1

我们根据根法求相对权重，根据公式$M_i = \prod_{j=1}^{n} a_{ij}$，得到诸行的连乘，为：M=(0.000347　0.08333 0.001042　2592　0.083333 0.33333 12　115200　4　0.083333)^T。再利用公式$\bar{W} = \sqrt[n]{M_i}$（i=1,2,···,10），得到每行的几何平均向量：$\bar{W}$ =（0.4509　0.7800　0.5032 2.1946　0.7800　0.8960　1.2820　3.2073　1.1487　0.7800）^{T}。然后，对向量进行归一化处理，即最后得到指标的相对权重。

由公式$\lambda_{max} = \sum_{i=1}^{n} \frac{[BW_i]_i}{n(W_i)_i}$，计算最大特征值，得到：

$$[BW_i]=\begin{bmatrix}1 & 1/2 & 1 & 1/4 & 1/2 & 12 & 1/3 & 1/5 & 1/3 & 1/2\\ 2 & 1 & 2 & 1/3 & 1 & 1 & 1/2 & 1/4 & 1/2 & 1\\ 1 & 1/2 & 1 & 1/4 & 1 & 1/2 & 1/3 & 1/5 & 1/2 & 1/2\\ 4 & 3 & 4 & 1 & 3 & 3 & 2 & 1/2 & 2 & 3\\ 2 & 1 & 1 & 1/3 & 1 & 1/2 & 2 & 1/4 & 1/2 & 1\\ 2 & 1 & 2 & 1/3 & 2 & 1 & 1/2 & 1/4 & 1 & 1\\ 3 & 2 & 3 & 1/2 & 1/2 & 2 & 1 & 1/3 & 2 & 2\\ 5 & 4 & 5 & 2 & 4 & 4 & 3 & 1 & 3 & 4\\ 3 & 2 & 2 & 1/2 & 2 & 1 & 1/2 & 1/3 & 1 & 2\\ 2 & 1 & 2 & 1/3 & 1 & 1 & 1/2 & 1/4 & 1/2 & 1\end{bmatrix}\bullet\begin{bmatrix}0.0375\\0.0649\\0.0419\\0.01825\\0.0649\\0.0745\\0.1066\\0.2668\\0.0955\\0.0649\end{bmatrix}=\begin{bmatrix}0.3803\\0.6564\\0.4287\\1.8451\\0.7373\\0.7691\\1.1570\\2.7118\\0.9890\\0.6565\end{bmatrix}$$

所以，λ_{max}=12.0227。

进行一致性检验：$C.I.=\frac{\lambda_{max}-n}{n-1}=\frac{12.0227-10}{10-1}=0.042$ ，n = 10 时，C.R.=1.49，则$\frac{C.I.}{C.R.}=0/1.49=0.028<0.1$。所以，符合一致性检验要求。计算结果整理、归纳如表 8–11 所示。

表 8–11　K 指标的权重结果

	12.0227									
	0.028 < 0.1									
权重 W_i	0.0375	0.0649	0.0419	0.0183	0.0649	0.0745	0.1066	0.2668	0.0955	0.0649

由公式$E=\sum_{i=1}^{10}W_iK_i$得出中关村科技园区海淀园品牌生态系统的企业创新活力指标的评价结果，如表 8–12 所示。

表 8–12　中关村科技园区海淀园品牌生态系统绿色创新活力评价结果

年份	2002	2003	2004	2005	2006
系统内创新能力评价值	0.4330	0.4200	0.4501	0.4323	0.4532

8.2.2.2　系统的组织构成和抵抗力指标

① 搜集原始数据。对于组织构成多样性评价，我们采用辛普森指数，

具体有品牌种群多样性指数、品牌种群市场多样性指数、品牌种群外向性指数。对于系统抵抗力的测评采用品牌种群的规模增长率、主流品牌种群优势度、品牌种群国际化强度。通过查阅文献资料，搜集到的相关数据如表 8-13 所示。

表 8-13　2002—2006 年，中关村科技园区海淀园生态系统发展原始数据

	优势品牌种群规模	主流品牌企业种群优势度	品牌种群国际化强度	品牌种群多样性指数	品牌种群市场多样性指数	品牌种群外向性指数
2002	196	0.69193	0.38652	0.518378	0.361573	0.38569
2003	227	0.76338	0.38329	0.55623	0.43	0.41274
2004	291	0.71907	0.45608	0.584287	0.464462	0.430196
2005	339	0.78024	0.50363	0.597732	0.521005	0.700248
2006	422	0.75416	0.52640	0.581355	0.504379	0.789155

② 数据归一化处理。在本书中，根据各个指标的含义，认为正向指标越大越好、负向指标越小越好。从初始数据矩阵 X 中找到评价指标的极值作为理想值，用每个指标值除以这个理想值得到矩阵 X 的接近度，如表 8-14 所示。再由此接近度的各列指标汇总，最后由每一接近度除以各自所在列的汇总值，从而算出指标的标准化结果，如表 8-15 所示。

表 8-14　各个指标的接近度

	优势品牌种群规模	主流品牌企业种群优势度	品牌种群国际化强度	品牌种群多样性指数	品牌种群市场多样性指数	品牌种群外向性指数
2002	0.464455	0.886817	0.734271	0.867242	0.693991	0.48873795
2003	0.5379147	0.978391	0.728134	0.930568	0.825328	0.52301512
2004	0.6895735	0.921601	0.866413	0.977507	0.891473	0.54513499
2005	0.8033175	1	0.956744	1	1	0.88733899
2006	1	0.966574	1	0.972601	0.968089	1

表 8-15　2002—2006 年，中关村科技园区海淀园生态系统评价指标标准化结果

	优势品牌种群规模	主流品牌企业种群优势度	品牌种群国际化强度	品牌种群多样性指数	品牌种群市场多样性指数	品牌种群外向性指数
2002	0.1328814	0.186565	0.171336	0.182657	0.158486	0.14190062
2003	0.1538983	0.20583	0.169904	0.195995	0.188479	0.15185268
2004	0.1972881	0.193883	0.20217	0.205881	0.203585	0.15827499
2005	0.2298305	0.210376	0.223248	0.210619	0.228369	0.25763081
2006	0.2861017	0.203344	0.233342	0.204848	0.221081	0.29034091

③ 指标的信息熵值。由前面的公式推算出每个指标的信息熵，再由 1 减去信息熵得各个指标的效用值，然后由各个指标效用值除以这个效用值的汇总值，得到各个指标的权重。整理计算的结果如表 8-16 所示。

表 8-16　各个指标的权重

	信息熵	效用值	权重
优势品牌种群规模	0.9769879	0.0230121	0.7970585
主流品牌企业种群优势度	0.9769879	0.0230121	0.0200749
品牌种群国际化强度	0.9769879	0.0230121	0.1828666
品牌种群多样性指数	0.999232	0.000768	0.022412
品牌种群市场多样性指数	0.999232	0.000768	0.145236
品牌种群外向性指数	0.999232	0.000768	0.832352

最后，经计算得到中关村科技园区海淀园区域品牌生态系统健康评价因素构成多样性和系统抵抗力的评价结果，如表 8-17 所示。

表 8-17　评价结果

年份	组织构成多样性	抵抗力
2002	0.5222741	0.145223

续表

年份	组织构成多样性	抵抗力
2003	0.581542	0.158161
2004	0.7265695	0.165923
2005	0.8353225	0.252327
2006	0.999329	0.278366

8.2.2.3 中关村科技园区海淀园区域品牌生态系统健康性综合评价

根据前面建立的品牌生态系统健康评价体系，即 $H_i=W_1V+W_2R+W_3O$，对中关村科技园区海淀园区域品牌生态系统健康指数进行计算，整理后的结果如表 8–18 所示。

表 8–18 健康指数综合评价结果

年份	2002	2003	2004	2005	2006
综合评价值	0.3779522	0.3795145	0.4187092	0.4403645	0.4798612

8.3 品牌生态系统健康评价效果

从图 8–3 可以看出，中关村科技园区海淀园区域品牌生态系统健康指数稳中有升，系统的健康指数上升幅度加大，发展潜力巨大。整体来看，中关村科技园区海淀园区域品牌生态系统的健康状况是在不断改善的，而且中关村科技园区海淀园区域生态系统的优势因素是组织结构的多样性和系统的抵抗力，这主要得益于我国国民经济的迅猛发展及国家的优惠政策，使中关村科技园区海淀园内各类企业种群能有一个适宜的生态环境，“百花齐放，百家争鸣”。但是，与此同时，我们也可以看出，中关村科技园区海淀园的创新活力欠佳，高新技术产业的品牌企业和品牌产品的创新能力与目前的发展不相称。

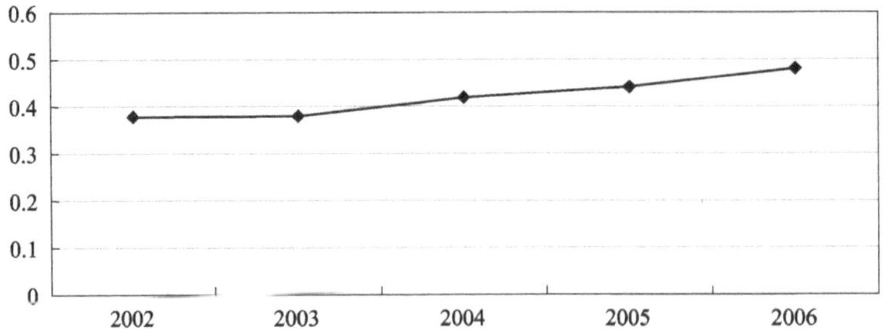

图 8-3　中关村科技园区海淀园区域品牌生态系统健康评价变化曲线

8.3.1　中关村科技园区海淀园绿色创新活力

中关村科技园区海淀园的创新发展大致可以分为如下几个阶段。

初始创新阶段：是指在经济改革的大环境下，以科研院所为背景的企业按照“四自原则”拓展创新空间。初始创新阶段的中关村科技园区海淀园，即中关村电子一条街。

离散创新阶段：是指政府实施“放水养鱼”的阶段，企业追踪国外技术进行二次开发。

整合创新阶段：是指政府从管理走向服务，一些产业联盟开始发挥协同作用，企业的创新成果开始实现产业化。

集群创新阶段：就是政产学研高度融合，形成生态系统，从离散创新到集群创新是一个大飞跃。

优势创新阶段：是指各产业相互契合的高级阶段，形成创新的战略生态系统，形成区域创新的可持续发展和产业优势，成为新产业的发源地。优势创新模式下的中关村科技园区海淀园成为世界著名的科技园区，即品牌生态系统的形成阶段。

然而，中关村科技园区海淀园的创新活力和品牌生态系统的发展要求不相适应，主要体现在以下两个方面。

① 低效的创新活力与生态园区健康的不协调发展。从图 8-4 可以看出，中关村科技园区海淀园的创新活力虽然整体是上升的趋势，但上升幅度不大，而且波动很大，这说明中关村科技园区海淀园的企业总数每年都在增加。从相关研究来看，尽管许多跨国企业在中关村科技园区海淀园设

立研发机构，但外商投资对园区创新活力的溢出能力是非常有限的，而且这些企业是以地方政府的优惠政策和劳动力价格优势来集群的，随时可能向区位条件更好、政策更优惠的地方流动，这种流动使得中关村科技园区海淀园的一些大企业品牌缺乏根植性，更使得中关村科技园区海淀园的创新活力比较脆弱。

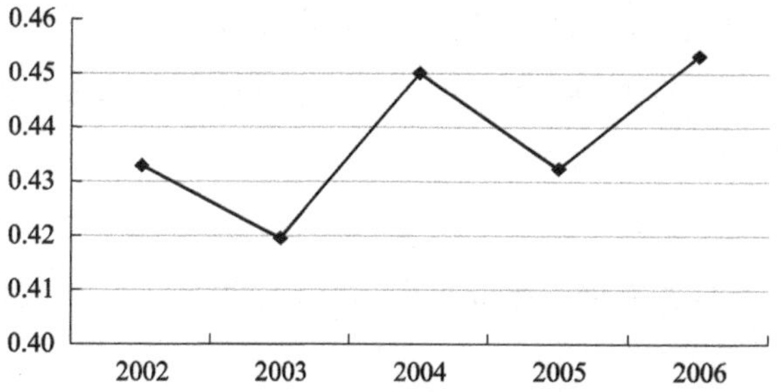

图 8-4　2002—2006 年，中关村科技园区海淀园生态系统创新活力变化曲线

② 中关村科技园区海淀园的研发投入强度总体呈低水平徘徊趋势。图 8-5 可以客观反映中关村科技园区海淀园企业收入和研发经费投入之间的关系。从中可以看到，中关村科技园区海淀园内的企业研发经费投入总额虽呈增长趋势，但增长幅度不大，2003—2005 年几乎处于零增长阶段，到 2006 年才有所加快。

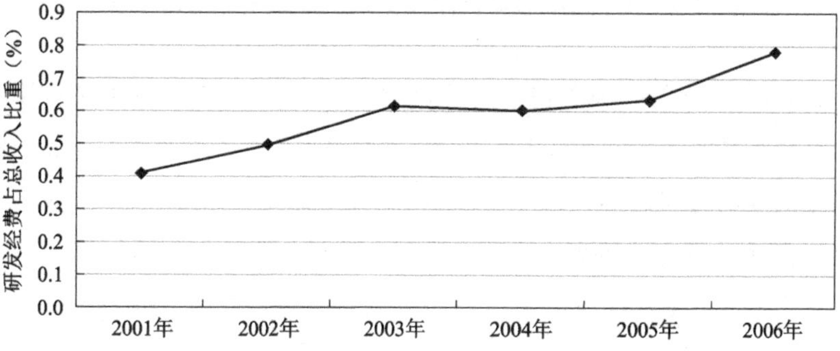

图 8-5　中关村科技园区海淀园十大产业企业研发费用占当年总收入的比重

8.3.2 中关村科技园区海淀园系统健康性

系统多样性是品牌生态系统组织结构特征的集中体现，是综合体现品牌生态系统发展特征的一个重要方面。本书采用多样性指数来分析中关村科技园区海淀园区域品牌生态系统的产业的多度（丰度）和相对多度（即均度）的状况。

从图 8-6 可以看出，中关村科技园区海淀园区域品牌生态系统的组织多样性呈稳步上升态势，而且从 2004 年开始有一个较快的发展期。从相关研究可以知道，2004 年，中关村科技园区海淀园十大行业相继建立自己的子品牌生态系统，产业链基本构成，制度环境、文化环境、政策环境、产业环境等日益完善，服务平台功能日益强大，组织多样性趋势朝可喜的方向发展。

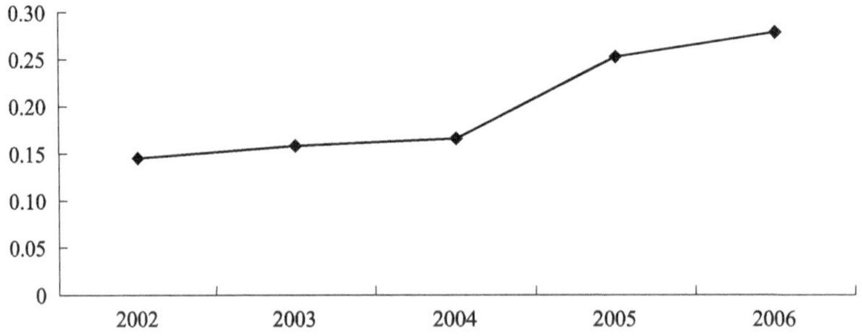

图 8-6 中关村科技园区海淀园区域品牌生态系统组织多样性变化曲线

如图 8-7 所示，中关村科技园区海淀园区域品牌生态系统品牌种群的多样性指数与品牌种群市场多样性指数呈现出紧密的关系，这一现象反映了中关村科技园区海淀园已经形成了一个以市场为导向、以企业品牌化发展为主体、政产学研相结合的区域创新系统。在中关村科技园区海淀园涌现出了联想、北大方正、用友、神州数码、清华同方、曙光、龙芯、汉王、中星徽、科兴、百度等一大批自主创新的民族品牌种群，中关村科技园区海淀园已经形成了有特色的品牌生态群，从而带动市场的发展。首先，使市场更为有效的配置技术创新资源、促进新技术商品化和产业化、维护市场经济有序竞争的有效机制。其次，营造公平竞争的市场环境，以龙头品牌企业或品牌产品为生态系统的节点，带动其产业链上相关产业结成战略联盟，增强与国际品牌生态系统的竞争能力，最终提升中关村科技园区海淀园整体生态系统的组织抵抗力。

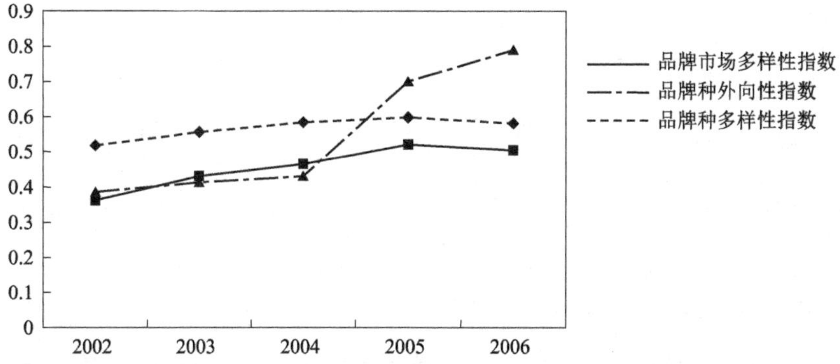

图 8-7　中关村科技园区海淀园区域品牌生态系统多样性关系

另外，从图 8-7 中可以看出，从 2004 年开始，品牌种群的外向性指数迅速增长，说明中关村科技园区海淀园各产业的品牌企业或品牌产品在适应国际市场的发展方面取得了一定主动权并占有了一定的市场地位。在当今市场经济的条件下，我国正处于与世界经济接轨的过程中，中关村科技园区海淀园的各产业企业种群或品牌产品种群应该建立并不断完善有效的外向型制度，一定要坚持面向国际市场，真正做到目光盯住国际市场，确保新产品适应国际市场消费者的需求，甚至建立跨国战略联盟，成为国际品牌生态系统的一个重要的节点。

8.3.3　中关村科技园区海淀园的系统韧性与健康性

从图 8-8 的实证结果来看，中关村科技园区海淀园的系统抵抗力也是韧性的表现，是一个逐渐提高的过程。具体而言，中关村科技园区海淀园产业生态系统的发展受到园区各个产业种群在园区的发展规模、组织构成情况和优势产业种群和品牌种群的健康发展的显著影响，具体可以从以下的相关研究图表和数据推导出这一结论。

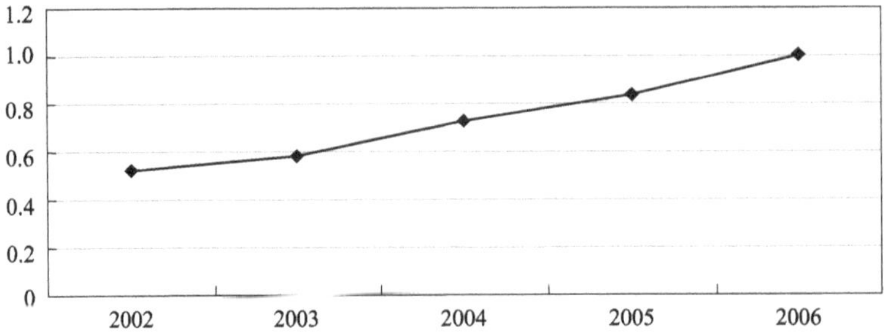

图 8-8　中关村科技园区海淀园生态系统的抵抗力变化曲线

截至 2006 年，中关村科技园区海淀园共有 422 家总收入超过亿元的骨干企业，比 2005 年增加 83 家，增幅达到 24.5%。这些亿元以上企业创造出中关村科技园区海淀园 2/3 以上的经济总量，成为中关村科技园区海淀园各个产业种群的领军企业品牌，处于中关村科技园区海淀园生态系统的节点位置。

国际化是品牌生态系统的必然选择，因为系统内品牌种群面对的客户正在国际化，如果品牌种群不能国际化，客户就会远离，品牌就会失去它的客户群，必然削弱品牌生态系统的抵抗力。如图 8-9 所示，中关村科技园区海淀园品牌种群的国际化强度是一个逐渐上升的趋势，这与品牌外向性指数的变化趋势是一致的。随着外向型经济的发展及我国经济与国际经济的接轨，我国品牌企业逐渐树立国际化的品牌经营理念。但是，可以看出中关村科技园区海淀园品牌种群的国际化强度整体不高，这是因为我国品牌产品的自主核心技术缺乏且在世界产业链中仍处于低端位置所致。所以，中关村科技园区海淀园主流品牌种群的优势度波动很大，与此有很大关系，如图 8-10 所示。所以，民族品牌要在国际品牌生态系统中占有重要节点位置，必须面向国际市场自主研发核心技术，丰富自己的产品链，使其在某一方面占有绝对优势，从而与国际同类品牌种群合作，使自己融入国际品牌大系统。比如中关村科技园区海淀园的汉王科技，在电子政务、个人办公、移动通信、数字家电等方面实现普及化和规范化处理信息，推动我国社会的整体信息化过程，目前旗下出纳品市场占有率超过 70%、OCR 领域市场占有率超过 50%，微软、诺基亚、三星、索尼、LG、联想、

TCL等国际著名厂商相继采用汉王科技的技术，使民族软件业得到国际认可，提升了民族企业的国际知名度。2006年，汉王科技被评为中国著名商标。这也提升了中关村科技园区海淀园的系统抵抗力。

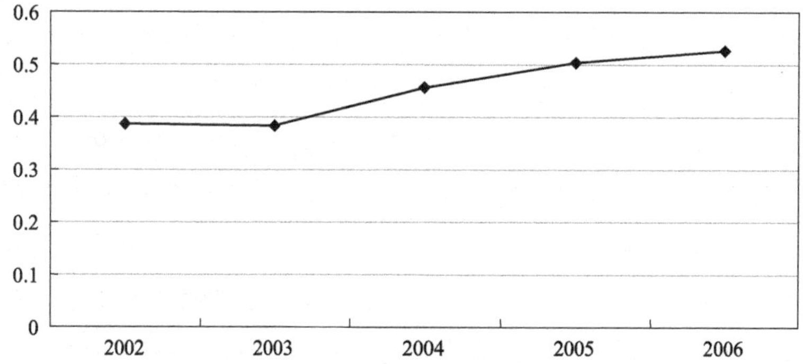

图8-9　中关村科技园区海淀园品牌种群的国际化强度变化曲线

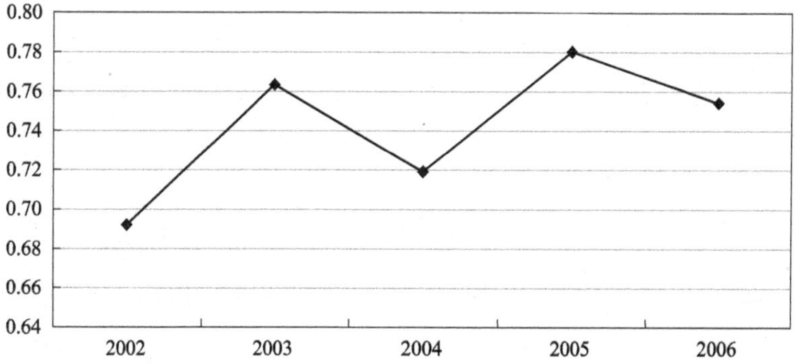

图8-10　中关村科技园区海淀园主流品牌种群优势度变化趋势

8.4　区域品牌生态系统的品牌管理策略

由于创新在健康的生态系统中分布如此广泛，由于系统中的组织越来越呈现多样化的态势，技术革新的性质也发生了改变。未来的竞争不再是个体品牌之间的竞赛，而是发生在品牌生态系统之间或品牌区域生态系统内部业务域之间的竞争。竞争的主题将不再是简单的“微软对IBM”，而是它们各自培育的生态系统或所在区域的生态系统整体的健康状况的比拼。因此，针对我国品牌培育具体情况，在此提出一些品牌战略实施与管理的对策和建议。

8.4.1 培育品牌的差异化

世界上不存在两个一模一样的物种，同样，世界上也不会存在一模一样的两个品牌。追求创新和差异化是品牌常青的保证。例如，我国拥有众多的“中华老字号”，这种形式的自主品牌享有广泛的产品美誉和深远的历史文化底蕴，如有300多年历史的张小泉剪刀最初是因为质量上的开合灵巧、刀刃锋利被宫廷和民间广泛使用，再如100多年历史的全聚德起源于烤鸭。我国的“中华老字号”大都有百余年的历史，这是其他品牌无法模仿的。比如，全聚德充分利用此品牌的差异化，形成以全聚德烤鸭为龙头、集“全聚德全鸭席”和400多道特色菜品于一体的全聚德菜系，成为中华民族饮食文化的精品。另外，全聚德与华天饮食集团强强联合，成立聚德华天控股有限公司；全聚德与首都旅游集团、新燕莎集团实现战略重组。这是“中华老字号”成功的典范之一。只要挖掘本土品牌的独一无二的价值特征并在此前提下不断创新，培育品牌的差异化，就能够形成品牌资产，提升品牌价值。

8.4.2 实现企业品牌建设的利益相关者关系协同建设

从前面的分析可以得知：打造强势品牌，不仅需要发挥好企业的市场主体作用，也需要各利益相关者的积极参与。现在的世界级品牌都非常重视品牌的利益相关者并培育自身的“品牌生态圈”。其中，生态环境的建立与维护尤其重要。但是，国内各区域市场发育极不平衡，品牌的生态环境也不完善。培育品牌健康的生态环境，要摒弃急功近利，具体建议采取以下措施。①需要各级政府的政策支持，包括建立和健全品牌保护制度，维护品牌所有者权益，建立品牌推广体系、保护体系等。②发展合作伙伴联盟。我国市场同质化现象严重，同一产品存在众多小品牌，因此，品牌拥有者应该联合自己的供应商、销售商，甚至竞争者，积累资本、加强研发、提高技术，扩大市场份额，参与世界经济的分工体系，取得“双赢”局面。③建立生态型品牌关系。品牌企业不仅仅要与消费者建立关系，还要与所有利益相关者和相关品牌及资源与环境之间建立、发展全方位的和谐关系。

8.4.3 培育品牌生态超时空生命力

我们知道，未来的竞争不再是个体之间的捕食型竞争，而是发生在生态系统之间的协同进化。所以，在当今网络化的大背景下，品牌应该有意识地培育自己领导型品牌的形象，整合组织之外的资源，完善品牌生态系统，具体建议采取以下措施。①培养成熟的大品牌观。②创造一个稳定的、其他成员可用的“平台”，改善系统的整体健康状况。③不断进行技术上的创新，为其他成员提供可靠的参照点，提高第三方推出新产品的效率，增强生态系统的生命力。

8.4.4 构筑绿色健康的品牌管理体系

在信息时代，供应商与消费者的关系日益密切，消费者是品牌培育的重要资源。培育和维护消费者资源，企业要具有良性的品牌管理体系，要注重品牌涉及的内部相关部门、上下游供应商、相关行业的供应商之间的关系协同化，从而保持消费者群体较高的忠诚度。具体来说，建议采取以下措施提高品牌的消费者忠诚度。①在互联网时代，企业、产品、品牌等信息透明化，企业必须与消费者建立“战略伙伴关系”，使其参与到品牌价值链过程中，满足他们的生理、心理和精神需求。②消费者在产品和服务质量的改进方面具有关键作用，是“企业最直接的客户”，所以，要重新界定消费者的地位和作用。③要把满足消费者的价值导向需求确立为消费者服务途径的关键要素。

8.4.5 保持品牌战略的国际化战略

从前面的分析可以得出：品牌的国际化是提高品牌种群所在生态系统的抵抗力的必然选择。根据我国的国情，各企业要发挥其在国内已经建立的优势和国内的人才资源的比较优势，利用全球市场的机会，实现其国际化战略，具体建议如下所述。

① 专业服务国际化，建立良好的创业环境。企业所在区域、企业生态系统内部及品牌生态环境的开放性、专业服务的国际化程度都将影响品牌、品牌种群及品牌群落的发展。所以，培育良好的创业环境并与国际市场接轨是培育民族品牌国际化的保障。具体而言：首先，优化发展环境，积极落实规划，引导和支持企业组建各类产业联盟和技术联盟；其次，加强知识产权保护利用，优化产业发展环境；最后，拓宽企业融资渠道。

② 合作伙伴国际化，与国际品牌生态系统结成战略联盟。依托所在区域的区位优势，扩大国内企业与国际企业的合作，树立自己的品牌并主动融入国际生产网络体系中，主动在产业链环节中占据不可替代的环节。比如，用友依托软件园区、孵化器、研发中心等实体并依托中国管理软件ERP软件产业链的逐渐成熟形势，加大了软件科研成果产业化力度，带动产品分销、战略咨询、IT咨询、系统集成、培训教育、增值开发、运营服务等相关产业的发展；同时，与微软、惠普等国际合作伙伴合作，不断采用国际领先的技术，不断增加用友产品的竞争力；另外，通过与包括“五大”在内的管理咨询、实施机构的合作，搭建出了用友的销售、服务体系。用友通过与国际品牌结成战略联盟，使用友以自己的标准化、集成化、网络化的产品和应用平台为基础，搭建国内软件业的生态链。以用友为品牌生态系统的节点，将应用集成伙伴、咨询实施伙伴、经销伙伴、平台软件合作伙伴、应用软件合作伙伴、硬件产品合作伙伴、服务伙伴及教育伙伴集聚在用友的周围，共同成为国际生态圈的重要环节，共同推动中关村科技园区海淀园软件产业生态链的进一步成熟，从而催生出用友这一软件市场的龙头品牌。

③ 建立国际企业品牌孵化器。尽管我国目前的企业孵化器数量很多，但大多数是针对高新技术企业的孵化区，专门针对品牌培育型的企业孵化器目前还不是很成熟。在综合技术企业孵化器的基础上，建立品牌培育的国际企业孵化器，面向国内的中小企业提供孵化服务，通过国际化水平的基础设施和服务环境，一方面，帮助国外企业与国内的企业合作，开拓我国市场并共同发展；另一方面，为国内企业的研发机构进入国际市场、拓展国际市场提供服务，发挥孵化器的聚合、丛集和融合、交汇功能，提升

企业品牌或企业产品品牌的国际水平。

本章以中关村科技园区海淀园的发展情况为基础，采用第7章的品牌生态系统健康评价的模型和评价方法，对中关村科技园区海淀园区域品牌生态系统的健康状况进行了实证研究。基于此研究结果，提出了品牌生态系统理念下品牌管理和培育的相关策略和建议。

参考文献

[1] 郭宇，姚亦锋，王振波，等.基于主体功能区的长江经济带绿色发展评价与问题区域识别［J］. 生态学报，2023，43（7）:2569–2582.

[2] 刘翠莲，衡丽娜，战思绮.我国沿海港口绿色发展效率时空演化［J］. 上海海事大学学报，2022，43（003）：75–82.

[3] 刘静.央企聚焦品牌建设和绿色发展［N］. 工人日报，2022–3–1（1–2）.

[4] 郭丁源.看华北地区品牌亮点：绿色发展，转型发展［N］. 中国经济导报，2021–7–30（1–2）.

[5] 陈天长，沈秋贵.长汀：打响“绿色品牌”，推动绿色发展［N］. 闽西日报，2022–8–23（1–2）.

[6] 周力.绿色发展理念下的包装设计品牌研究［J］. 品牌研究，2019（12）：67–68.

[7] 徐浩.绿色发展战略背景下农业企业品牌建设路径与策略探析——评《农业科技企业的品牌营销策略研究》［J］. 中国食用菌，2020，39（03）：40–41.

[8] 中指研究院.四大维度解析房企绿色品牌打造新方向［J］. 中国房地产，2022（05）：50–52.

[9] 王丽君，葛成莉.绿色发展理念指导下的甘肃特色农产品品牌创新策略研究［J］. 山西农经，2022（19）：89–93.

[10] 邓伟升，朱协，文传浩．绿色品牌生态系统：概念内涵、赋能逻辑与研究议题［J］. 生态经济，2022（2）：39–46+56.

[11] 鄂嵇露，王奕．生态位视角下无锡影都品牌竞争力提升策略研究［J］. 经营与管理，2022（02）：42–48.

[12] 朱虹．现代企业品牌生态管理模式研究［J］. 山东农业工程学院学报，2020，37（02）：48–50.

[13] 邹艳枚．态势理论下白酒品牌生态位评价指标体系设计与实证［J］. 商业经济研究，2020（06）：79–81.

[14] 刘志峰，赵婷．品牌生态位的概念属性、形态表现与培育优化［J］. 企业经济，2018，37（05）：21–25.

[15] 王达．基于短视频平台的品牌健康传播策略探析——以诺特兰德为例［J］. 今传媒，2022，30（11）：37–40.

[16] 吴江涛，乐为，杨国梅．"浙江制造"标准－认证－品牌生态系统协同演化研究［J］. 标准科学，2021（04）：17–24.

[17] 曹文豪，唐娣芬．数字智能化对企业品牌生态建构的路径探析［J］. 中国商论，2021（10）：61–63.

[18] 林莹．品牌生态的可持续发展（二）［J］．中国广告，2022（02）：12–13.

[19] 刘勇．品牌延伸的评价模型及决策研究［M］. 上海：上海财经大学出版社，2007.

[20] 张燚，张锐．品牌生态学——品牌理论演化的新趋势［J］. 外国经济与管理，2003，25（8）：42–48.

[21] 王仕卿，韩福荣．中外品牌比较及其对本土品牌培育的启示［J］. 工业技术经济，2006（12）：29–32.

[22] 詹姆斯・弗.穆尔．竞争的衰亡：商业生态系统时代的领导与战略［M］. 梁骏，杨飞雪，李丽娜，译．北京：北京出版社，1999.

[23] 欧文・拉兹洛，克里斯托弗・拉兹洛．管理的新思维：第三代管理思想［M］．文昭，黄丽华，译．北京：社会科学文献出版社，2004.

[24] 肯・巴金斯．公司 DNA：来自生物的启示［M］．刘文军，译．北京：中信出版社，2001.

[25] 王兴元.名牌生态系统成员构成特点及利益平衡[J].商业研究，2000(10)：8–11.

[26] 王东民.品牌生命的复杂性和复杂的品牌生理生态学[J].商业研究，2004(6)：17–20.

[27] 张燚，张锐.品牌生态管理：21世纪品牌管理的新趋势[J].财贸研究，2003(2)：75–80.

[28] 李契，朱金，等.生态位理论及其测度研究进展[J].北京林业大学学报，2003，1(25)：100–107.

[29] 王兴元，品牌生态位测度及其评价方法研究[J].预测，2006(5)：60–64+80.

[30] 余明阳.品牌学[M].合肥：安徽人民出版社，2002.

[31] 曾朝辉.品牌基因——品牌核心价值设定[J].企业研究，2003(01)：38–41.

[32] 王刚，赵松岭，张鹏云，等.关于生态位定义的探讨及生态位重叠计测公式改进的研究[J].生态学报，1984，4(2)：119–127.

[33] 王兴琼，陈维政.组织健康研究评述[J].华东经济管理，2008(7)：134–139.

[34] 时勘，郭蕊.健康型组织建设的思考[J].首都经济贸易大学学报，2007(1)：49–69.

[35] 张中歌，张锐，张燚.基于生态系统的品牌经济结构研究[J].商业研究，2003(19)：4–7.

[36] 王春红，韩福荣.品牌生态系统结构分析与实证[J].北京工业大学学报(社会科学版)，2006，6(2)：25–28.

[37] 张秀升，张文号.试论品牌生命周期[J].商业研究，2002(8)：92–93.

[38] 朱志宏.生态位及区域经济组织生态位的特点[J].山西高等学校社会科学学报，2006，18(1)：32–33.

[39] 梁嘉哗，葛振忠，范建平.企业生态与企业发展[J].管理科学学报，2002(2)：34–40.

[40] 王仕卿，韩福荣.高新技术企业种群的演化规律[J].北京工业大学学报，2006(11)：1052–1056.

[41] 迈克尔·穆恩，道格·米利森．火炬品牌：网络经济时代的品牌铸造［M］．侯佳奇，译．北京：机械工业出版社，2002.

[42] 张光明，谢寿昌．生态位概念演变与展望［J］．生态学杂志，1997（6）：1–6.

[43] 冯建民．产品生命周期各阶段的质量策略［J］．价值工程，2000（6）：38–39.

[44] 荆宁宁．企业产品生命周期中的质量管理［J］．轻工标准与质量，2003（1）：26–29.

[45] 王海云，尚志田．重复购买的产品生命周期模型研究［J］．中国管理科学，2002（10）：1–6.

[46] 何苏华．企业产品生命周期的延展与监控［J］．商业研究，2000（3）：27–29.

[47] 花雪兰，徐学军．基于产品生命周期的供应链选择研究［J］．工业工程，2007（02）:26–30 .

[48] 陈金波．企业生态位的选择、控制与优化［J］．企业活力，2005（3）：20–21.

[49] 朱春全．生态位态势理论与扩充假说［J］．生态学报，1997（3）：324–332.

[50] 安树青．生态学词典［M］．哈尔滨：东北林业大学出版社，1994 .

[51] 范建平，梁嘉骅．企业生态系统及其复杂性探讨［J］．科技导报，2002（3）：13–17.

[52] 张锐，张燚，罗家伦，等．品牌生态调控原理探讨［J］．重庆交通大学学报，2003，3（02）:35.

[53] 罗珉．组织理论的新发展——种群生态学理论的贡献［J］．外国经济与管理，2001（10）：34–37.

[54] 张锐，廖成林．基于生态系统的品牌政治结构研究［J］．商业研究，2003（3）：105–106.

[55] 赵红，陈绍愿，陈荣秋．从企业群落演替过程看企业生态对策选择与企业优势度［J］．管理评论，2004，16（8）:12–17.

[56] 杨芳．模糊综合评价法在工矿企业品牌资产评价中的应用［J］．国土资源科技管理，2001（18）：58–60.

[57] 韩福荣，徐艳梅．企业仿生学［M］．北京：企业管理出版社，2002.

[58] 陈光裔．为绿色品牌开绿灯——可持续发展趋势下的品牌与创新［J］．中国广告，2022（04）.

[59] 金敏．学习贯彻党的二十大精神笔谈［J］．中共福建省委党校（福建行政学院）学报，2022（11）：1–2.

[60] 王仕卿，韩福荣．高新技术开发区企业生态环境［J］．天津大学学报（社会科学版），2008（02）：126–130.

[61] 王仕卿，韩福荣．品牌生态位界定及其演化模式研究［J］．科技进步与对策，2008（01）：169–172.

[62] 王仕卿，韩福荣．基于产业集群的质量生态实证研究［J］．科学学研究，2006（S2）：438–443.

[63] 韩福荣，王仕卿．品牌理论研究（1）品牌理论发展评述［J］．世界标准化与质量管理，2006（09）：4–6.